# 윤&짱의
# 내 집 정리의 기술

# 윤&짱의 내 집 정리의 기술

2023년 7월 01일 초판 발행
2025년 6월 15일 2쇄 발행

**지은이** 윤선미
**발행인 겸 편집인** 김낙봉
**사 진** 윤선미 외
**도움주신 분** 장희운, 이은경, 신혜영, 전현정
**편집진행** 김래주
**디자인** 은아Book
**발행처** 북네스트
**출판등록** 제2022-000007호
**주 소** 경기도 파주시 소라지로 202번길 127
**전 화** 070-8200-6727
**팩 스** 031-622-9863
**독자문의** laejoo@naver.com

ⓒ윤선미 2023

ISBN 979-11-983581-0-3

사람을 행복하게 하는 출판사 북네스트

값 23,000원

# 윤&짱의
# 내 집 정리의 기술

| 책을 내며 |

# 인생 2막을 열어준 정리수납 전문가의 길

　우리가 살아가는 '공간'은 빌 공(空)자와 사이 간(間)자가 결합된 '사이의 비어 있는 곳'이라는 뜻에 바탕을 둔 말입니다. 그러므로 공간은 사람이 살며 활동해야만 비로소 채워져 제 역할을 하게 됩니다.

　사람이 사는 집은 '일상의 공간'입니다. 가족이 모여 정을 나누고 휴식을 취하며 내일을 위해 충전하는 곳이지요. 저는 이런 일상의 공간이 본연의 역할을 잘 수행할 수 있도록 도와주는 정리수납 전문가이자 공간 디자이너입니다.

　집을 예쁘고 멋지게 가꾸기에 앞서 그 집에 사는 사람들의 생활 방식이 반영될 수 있도록 공간을 디자인하고 불편함이 없도록 정리와 수납을 도와주는 일을 하는 거지요.

　살다 보면 열심히 청소하고 정리해도 우리 집은 왜 이렇게 어수선할까, 같은 평수인데 우리 집은 왜 이렇게 좁아 보일까, 하는 느낌이 들 때가 있지요. 정리정돈만 잘 해도 집이 넓어 보이고 쾌적하고 안정되어 보입니다. 그런 방법을 알려주는 것이 저의 일입니다.

　정리수납 전문가. 이 직업은 요즘 떠오르는 분야입니다. 저는 인생 2막을 준비하면서 이 일을 찾았습니다. 물론 그 시작은 쉽지 않았습니다. 여느 여성들과 마찬가지로 결혼하고 맞벌이도 하고 아이들 키우며 열심히 살다보니 어느덧 나이 50이 넘더군요.

　경제적으로는 안정되었지만 나이 듦과 함께 따라오는 공허감과 미미해지는 존재감에 점점 위축되는 나를 보게 되었습니다. 갱년기와 우울증은 덤처럼 느껴질 정도였지요.

사색과 여행은 나를 위로하고 용기를 북돋는 과정이었습니다. 그러던 차에 문화센터에서 내 눈길을 사로잡는 프로그램을 만났습니다. '정리수납 전문가 2급 과정'이었지요. 부제목은 '내 집 정리'였습니다. 집 정리도 배워야 하나? 라는 의문이 있었지만 일단 강의를 듣기 시작했습니다. 그러면서 '이 길이 나의 길'이라는 확고한 생각이 들더군요.

저는 기업 전산실 8년, 의류업계 10년, 화장품업계 5년이라는 경력과 함께 매장 디스플레이, 의류 사업, 신혼집 꾸미기 등의 일을 했습니다. 그러다 보니 남다른 미적 감각과 안목을 키울 수 있었지요. 특유의 꼼꼼하고 완벽한 성격은 집에서조차 살림의 여왕이라 불릴 정도였어요. 나의 이런 장점과 노하우가 직업이 될 수 있다고? 한마디로 '유레카!'였습니다.

그렇게 저는 정리수납 전문가가 되었고, 강의도 하게 되었습니다. 그런데 일을 하다 보니 스스로 부족한 부분이 느껴지고, 더 확장된 영역에서 일하고 싶다는 욕심도 생기더군요. 결국 다시 대학에 들어가 생활환경디자인학과에서 공간디자인과 인테리어 등을 공부했습니다.

저는 정리수납 전문가라는 직업을 갖게 되면서 인생의 2막을 시작했고 제 인생을 새롭게 디자인할 수 있었습니다. 삶에 활력이 생기자 성격은 유쾌해지고 몸과 마음이 더 젊어지는 듯 했습니다.

저는 제 일을 사랑합니다. 한 집 한 집 다녀올 때마다 하나의 작품을 끝낸 것처럼 뿌듯하고 보람을 느낀답니다. 무엇보다 제가 다녀온 가정에 긍정적인 변화가 생겼다며 감사 전화를 받을 때면 더 없이 행복해진답니다.

실제로 현장에서 일하다 보니 생각보다 많은 사람들이 옷 정리, 주방 정리, 서랍 정리 등을 어려워한다는 것을 알게 되었습니다. 정리정돈만 잘해도 공간은 넓어 보이고, 생활이 편리해지며, 각종 살림살이들의 유지·관리가 쉬워집니다.

그동안 수많은 고객들을 만나고, 다양한 평수와 구조의 집을 정리해 왔습니다. 그런 과정에 현장에서 습득한 생생한 데이터와 노하우가 쌓였습니다. 그대로 쌓아두기만 하기에는 너무 아까운, 보석 같은 정보들입니다.

더러는 방송에 출연해 정리 팁을 공개하지만 시간이 많이 부족하더군요. 정리수납 전문가 과정에서 수강생들에게 강의로 소개하기도 합니다. 하지만 여전히 아쉬움이 남습니다. 공부하는 학생들, 주부들을 위해서 그리고 정리정돈에 관심이 많은 일반 대중을 위해 그간 쌓아온 저의 노하우를 책에 담아 보기로 했습니다.

정리수납이 잘 안되어 속상한 분, 자녀를 더 쾌적한 환경에서 키우고 싶은 주부, 아울러 정리수납 전문가를 꿈꾸거나 인테리어를 공부하는 학생들이 활용할 수 있는 교과서와 같은 책이라고 자부합니다. 생생한 현장의 정보를 차곡차곡 알차게 담았습니다.

중년의 여성들, 경력 단절 여성들이 전문적인 직업인이 되는 데도 도움이 되었으면 합니다.

정리수납 전문가는 평소 갈고닦은 부지런한 살림 솜씨와 삶의 지혜를 마음껏 풀어낼 수 있는 직업이라고 확신합니다. 예전에는 도우미 아줌마의 일로 낮춰 보였을 수 있지만 이제는 당당한 전문 직업으로 존중받는 분위기입니다. 체력, 노력, 끈기만 있으면 적은 비용으로 전문 자격증을 따서 활동할 수 있습니다.

저의 삶이 고스란히 담긴 이 책이 여러분의 삶과 직업에 도움이 되기를 기원합니다.

저자 윤선미

| 차 례 |

1. 수납도구 활용   009
2. 재활용품 DIY   019
3. 현관 · 신발장 정리   025
4. 거실 정리   039
5. 가구 재배치   055
6. 침구 정리   071
7. 옷걸이 활용   085
8. 옷장 정리   097
9. 옷 개는 방법   121
10. 옷장 서랍장   135
11. 화장대 정리   155
12. 욕실 정리   173
13. 냉장고 정리   187
14. 주방 정리   221
15. 베란다 · 창고 정리   297
16. 서재 · 자녀방 정리   319

# Chapter
## 01

# 수납도구 활용

여기에 소개된 수납도구들은 그동안 컨설팅을 하면서 주로 사용하였던 수납도구들을 정리한 것입니다. 사례 사진에서 확인하세요.

## 수납도구 1 (창신리빙)

씽크인 선반
CKN-GWH033479(500X300X400)

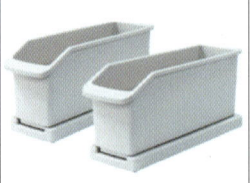

씽크인 슬림 수납장
CKN-CKN-GIV033769(49X15X21)

슬림 선반 18cm 3단
CSN-GGR027409(51X18X81)

슬림 선반 18cm 4단
CSN-GGR028369(51X18X94.2)

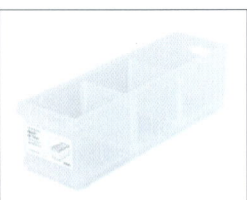

다용도 저안트레이 12cm 투명
CKN-RNM036074(123X455X128)

다용도 저안트레이 17cm(1호) 투명
CKN-RNM036081(170X455X128)

다용도 저안트레이 17cm(2호) 투명
G626E1F9B919C11(170X455X238)

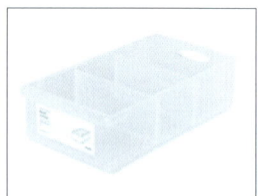

다용도 저안트레이 24cm(1호) 투명
CKN-RNM036104(245X455X128)

## 수납도구 2 (창신리빙)

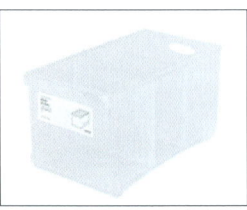

다용도 저안트레이 24cm(2호) 투명
CKN-RNM036111(245X455X238)

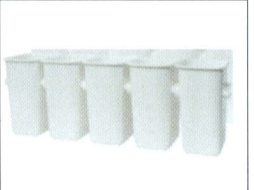

릴레이 칸칸 정리함
G5763AE42EA2F4

릴레이 칸칸 정리함(중)
CKN-GWH030508(7X8.7X12)

릴레이 칸칸 정리함(대)
CKN-GWH037125(9X8.7X12)

칸칸 아이스 소분용기 3구
CTN-GWH47889(206X138X38)

칸칸 아이스 소분용기 6구
CTN-GWH047902(206X138X38)

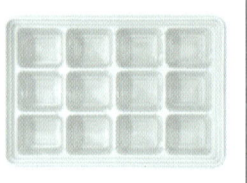

칸칸 아이스 소분용기 12구
CTN-GWH047926(206X138X38)

## 수납도구 3(창신리빙)

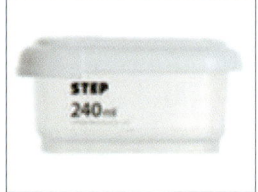
센스 스텝 포켓용기 1호(240㎖)
CTN-GWH030829(11X11X5.5)

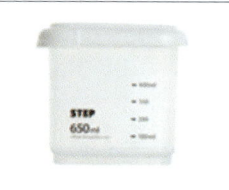
센스 스텝 포켓용기 2호(650㎖)
CTN-GWH030836(11X11X10)

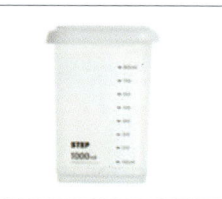
센스 스텝 포켓용기 3호(1000㎖)
CTN-GWH030843(11X11X15)

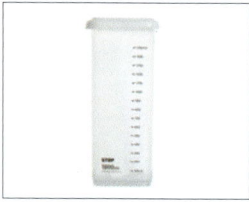
센스 스텝 포켓용기 4호(1800㎖)
CTN-GWH030850(11X11X24)

센스 스텝 포켓용기 5호(2200㎖)
CTN-GWH030867(11X11X29)

냉장고 포켓용기
CKN-GNM003069

냉장고 포켓용기 1호(850㎖)
CKN-GNM003052(10.3X8X15)

냉장고 포켓용기 2호(400㎖)
G5A28F3073459B(10.3X8X7.5)

## 수납도구 4(창신리빙)

냉장고 오픈 저안트레이 1호(12cm)
CKN-GNM037460(12X40X14)

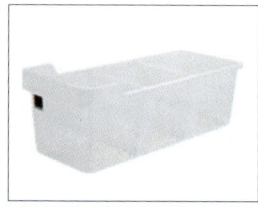
냉장고 오픈 저안트레이 2호(16cm)
CKN-GNM037477(16.5X40X14)

냉장고 오픈 저안트레이 3호(24cm)
CKN-GNM037484(24X40X14)

## 수납도구 5(실리쿡)

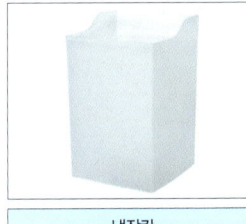
냉장칸
상품번호50(79X80X124)

다용도 박스
상품번호52(185X110X125)

원형 하프
상품번호28(80X105X450)

원형 특하프
상품번호30(80X125X500)

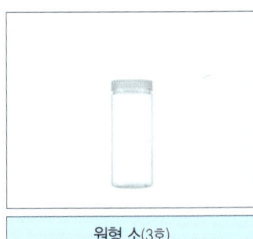
원형 소(3호)
상품번호32(50X120X200)

원형 중(2호)
상품번호33(60X150X330)

원형 대(1호)
상품번호34(80X210X950)

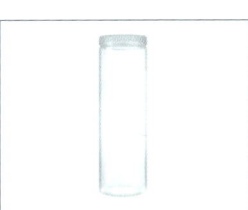
원형 특대(특1호)
상품번호31(80X255X1200)

## 수납도구 6(한샘)

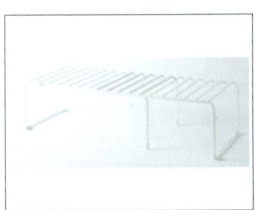
확장 선반
42~72X24X14.5

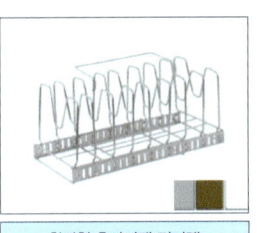
확장형 후라이팬 정리랙
30.5~57X19X17.5

2단 정리랙
1단(25X25X11.5)/2단(25X25X21.8)

스칸디아 바스켓(중)
34.5X26X16

스칸디아 바스켓(대)
34.5X26X32.5

폴리 수납 바스켓(중)
34.5X26X16

폴리 수납 바스켓(대)

## 수납도구 7(다이소)

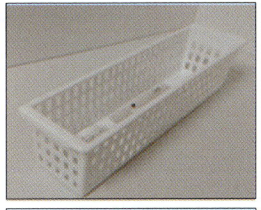
리빙직사각 바구니 1호
56042(34.2X9.5X9.5)

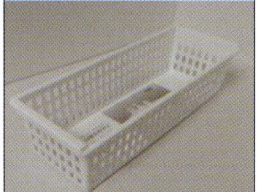
리빙직사각 바구니 2호
56043(34.4X12.5X9.5)

리빙직사각 바구니 3호
56045(34.8X13X13.5)

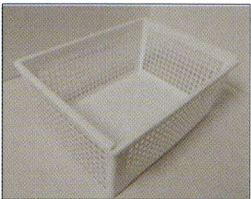
리빙직사각 바구니 4호
56047(35X25.5X14)

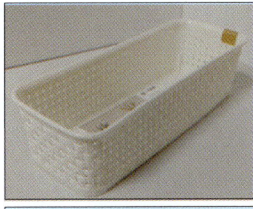
라탄 바구니 7호
59259(31X12X7.5)

라탄 바구니 10호
59262(20X27X10.7)

라탄 바구니 12호
1005884(35.5X29.5X22)

송송 옷정리함
787330(36X48X18.5)

## 수납도구 8(다이소)

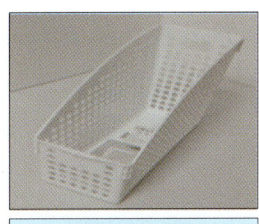
리빙메쉬 바구니 1호
36077(26X10X19)

리빙메쉬 바구니 2호
36065(26X12X12)

리빙메쉬 바구니 3호
36067(30X12X8)

리빙메쉬 바구니 4호
36077(26X16X11)

리빙메쉬 바구니 5호
36080(26X18X14)

리빙메쉬 바구니 6호
36082(30X12X8)

브릭스 멀티바스켓 8호
1015453(30X36X23)

브릭스 멀티바스켓 7호
1015452(30x42X16)

## 수납도구 9(다이소)

다용도 칸막이 정리함 1호
1005219(16X46X12.5)

다용도 칸막이 정리함 2호
1005220(24X46X12.5)

다용도 칸막이 정리함
51704(40X13X12)

다용도 칸막이 정리함(대)
66312(40X17X12)

냉장고 시스템 바구니 1호
1001121(36X15X9)

냉장고 시스템 바구니 2호
1001122(36X22X9.5)

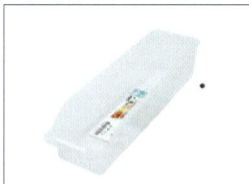
냉장고 정리함 대형 4호
1014184(13.5X45X9)

냉장고 정리함 대형 5호
1014186(19.5X45X9)

## 수납도구 10(다이소)

크리스탈 뷰티 정리용품 1호
1001890

크리스탈 뷰티 정리용품 2호
1001891

크리스탈 뷰티 정리용품 3호
1001892

크리스탈 뷰티 정리용품 5호
1001893

크리스탈 뷰티 정리용품 7호
1001894

크리스탈 뷰티 정리용품 8호
1001895

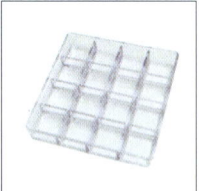
크리스탈 뷰티 정리용품 9호
1001896

크리스탈 뷰티 정리용품 11호
1001897

크리스탈 뷰티 정리용품 12호
1001898

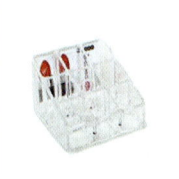
9분할 립스틱홀더
1001102

## 수납도구 11 (다이소)

접시꽂이
32322(17X10X13)

접시 선반
32328(25X20X9)

층층 접시 정리대
328230(26X21.2X8.5)

원형 저장 용기
58232

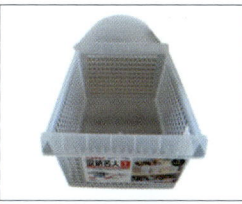
수납의 달인
435507881(32X24X15.5)

나무 접시 스탠드
1021644(22.5X12X8.5)

속옷 정리함
1001899(34X12.5X6.5)

속옷 정리함
1009443(35X23X7.7)

## 수납도구 12 (다이소)

모던템보드 바구니
1034456(24X34X9.5)

모던템보드 바구니
1034455(28X12X8)

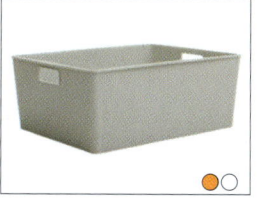
모던템보드 바구니
1034454(26X34X13)

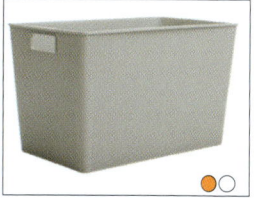
모던템보드 바구니
1034453(20X34X20)

신발 정리대(일반형)
57260(20x26)

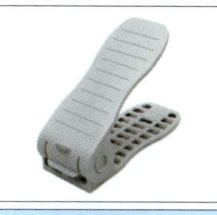
신발 정리대(남성용)
57261(10x26x9.5)

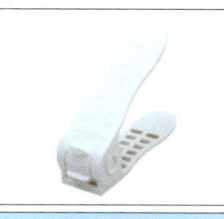
신발 정리대(여성용)
57262(26x7.5x9.5)

매직 신발 정리대(소)
43270(27.5x10x10)

chapter 1   수납도구 활용   15

## 수납도구 13(다이소)

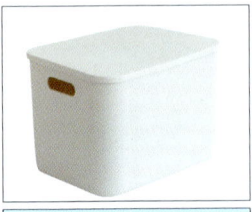

도이수납함(소형) 7.5L
1039098(26×18.5×16cm)

도이수납함(중형) 15L
1039099(36.5×26×16cm)

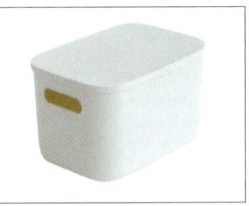

도이수납함(대형) 26L
1039100(36.5×26×28cm)

## 수납도구 14(크린랩)

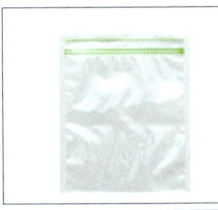

이중 지퍼백(소)
18X20

슬라이딩 지퍼백
21X19

스탠딩 액상 지퍼백(600㎖)
20X16.5

크린 장갑

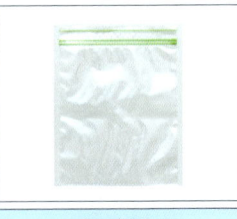

이중 지퍼백(중)
22X25

슬라이딩 지퍼백
27X28

스탠딩 액상 지퍼백(900㎖)
22X18

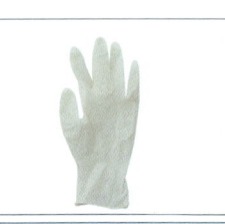

크린 라텍스 장갑(대, 중, 소)
대, 중, 소

## 수납도구 15(기타)

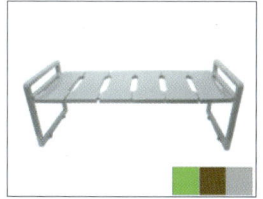

(해피홈)씽크인1200 폭 조절 선반

(60~120X28X28)

(이케아)식기 도구 트레이

502.477.49(31X26X4)

수저 정리 다용도 키친 트레이(소)

(8X34.8X5)

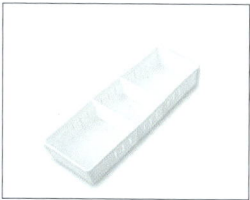

수저 정리 다용도 키친 트레이(대)

(12X34.8X5)

접이식 신발 정리함

신발 수납

접이식 신발 정리함

모자 수납

접이식 신발 정리함

일반형 / 대형 / 특대형

# Chapter 02

# 재활용품 DIY

## 재활용품 DIY 1(세탁소 옷걸이)

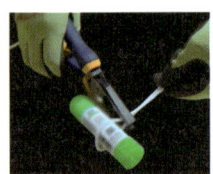  

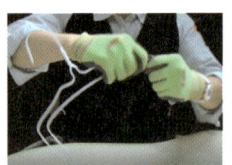   

## 재활용품 DIY 2(세탁소 옷걸이)

## 재활용품 DIY 3(세탁소 옷걸이)

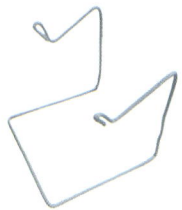   

## 재활용품 DIY(페트병)

  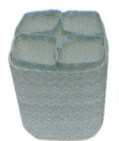   

## 재활용품 DIY 1

## 재활용품 DIY 2

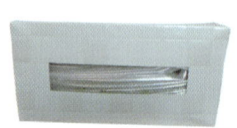  

## 재활용품 DIY 3

## 재활용품 DIY 4

# Chapter
## 03

# 현관 · 신발장 정리

## 현관 1

◀ 여러 사람이 드나드는 곳
   집의 첫 인상을 결정하는 곳

- 현관 인테리어에서 가장 좋은 것은 비우는 것
- 최대한 밝은 분위기로 정리
- 실용적인 부분이 적용되어 수납
  - 사용하기 편리한 수납
  - 밖으로 나가기 전 바로 필요한 물건 수납
    신발 • 마스크 • 자동차키 • 우산 등

## 현관 2

◀ 현관은 집안의 다른 공간에 비하여 협소하기 때문에 이동시 장애물이 있어서는 안됨

- 안전성과 풍수 인테리어를 고려하여 큰 물건 놓지 않기
  - 자전거 • 킥보드 • 추가 신발장 • 분리수거함 등
- 최소한의 필요 물건 이외의 잡동사니를 배치하지 않기

## 현관(풍수 인테리어)

◀ 현관은 안과 밖을 연결하는 통로이며, 이 통로를 통하여 풍수에서는 좋은 기운과 복이 들어온다고 함

- 현관에 들어섰을 때 거울이 전면으로 보이면 집안에 들어오는 운을 밖으로 다시 돌려보낸다고 한다
  - 측면 배치 권장
- 현관이 지저분하면 나쁜 기운이 쌓임
- 결실의 상징(금전운)이라 할 수 있는 꽃그림을 걸어두기도 한다
- 꽃 중에서도 가급적 밝은 분위기의 꽃 선정
  - 꽃이 지는 가을이나 겨울의 풍경 모습은 풍수 측면에 좋지 않다

## 신발장 문제점

- 누구의 것인지 어떤 계절에 신는 것인지 상관없이 섞여 있다
- 신발이 더 이상 들어갈 자리가 없다
- 여러가지 물건들도 섞여 있다
- 사용 빈도를 알 수 없다
- 신발장의 선반을 활용하지 못하고 있다
- 신지 않는 신발들이 많다
- 비싸서 버리지 못해 보관만 하는 것도 있다
- 언젠가 신을 거라는 생각으로 두는 경우도 있다
- 가족 모두가 사용하는 공간이라 정리가 안된다

## 신발장 정리 노하우

- 현관 입구에 큰 물건을 놓지 않기
    - 자전거·킥보드·분리수거함·택배 물건·추가 신발장 등
- 신발장 정리 시 필요한 신발·나눔할 신발·불필요한 신발 정리하기
- 신발 및 기타 용품 레이아웃 정하기
    - 신발·우산·운동용품·야외놀이 도구·공구·청소용품 등
- 개인별·계절별·사용 빈도별 신발의 특성에 따라 분류
- 개인별 신발의 양·신장·특성에 따라서 신발장의 위치를 정하기
- 자주 신는 신발부터 정리를 시작한다
- 선반을 조절할 경우 신발의 높이보다 손이 들어갈 정도의 여유를 둔다
- 신발 정리용품을 사용하여 수납 효과를 높인다
    - 슈즈랙·신발정리함·신발상자·바구니 등

### 신발장 정리 후

신발장 비우기
⇩
레이아웃 정하기
⇩
계절별·사용자별·사용 빈도별 분류
⇩
사용자별 위치 정하기
⇩
선반 높이 조절하기
⇩
같은 선반에 슈즈랙 통일(색깔·방향·크기·위치)

◀ 보관용 신발(바구니 사용시)
- 발바닥을 마주보도록 세워 세로 수납

◀ 여름 슬리퍼·샌들
- 수납도구를 활용하여 세로 수납

◀ 슈즈랙을 어떻게 사용할 것인가를 정하기

◀ 우산(키 큰 우산 정리함을 활용)
◀ 공구(바구니 활용)

## 신발장(레이아웃)

- 신발 관련 용품(바구니 활용)
- 자주 신지 않는 보관용 · 새 상품
- 슬리퍼
- 자주 신는 신발
- 자주 신는 신발

## 신발장(Before → After)

[슈즈랙 사용시 선택할 사항]

슈즈랙 사용을 ①에서처럼 한 켤레를 하나의 슈즈랙에서 꺼내서 신을 수 있게 할 것인가? 아니면 ②처럼 뒤쪽으로 보관할 신발을 넣을 것인가를 선택하여 수납해야 한다

- ①처럼 슈즈랙 사용시 장 · 단점
  - 한눈에 보이는 정리
  - 많은 양을 수납
  - 한 번 정리 후 계속 사용
  - ②보다 정리된 느낌이 적다
- ②처럼 슈즈랙 사용시 장 · 단점
  - 한 켤레씩 즉시 꺼낼 수 있다
  - 뒤에 수납된 신발을 확인하기 어렵다
  - 계절에 따라 교체

## 신발장 1(After)

◀ 앞코가 보이는 수납
- 찾기 수월
- 심미성 좋음
- 여성 신발의 경우 편리

뒤축이 보이는 수납 ▶
- 꺼내기 수월
- 비슷한 종류의 신발이 많을 경우 찾기 어려움
- 남성 신발의 경우 편리

🔍 **Tip** 신발 상자로 슈즈랙 만들기

◀ 남편 공간

◀ 스포츠 용품

◀ 아내 보관용

▲ 보관용(우산·운동용품 등)

## 신발장 2(After)

[보관용]

◀ 부츠

◀ 실내화

◀ 여름 슬리퍼(세로 수납)

- 수납장의 앞뒤 폭이 좁음

◀ 구두를 45° 방향으로 틀어서 수납
- 수납장의 앞뒤 폭이 좁음

공구 ▶

🔍 **Tip** 압축봉 활용(거치대) ▶

◀ 운동화는 뒤축이 보이도록 수납
- 일반적인 신발장

## 신발장 3(After)

◀ 롱부츠를 수납하기 위해서 선반의 높이 수정
(선반 한 개를 뺀다)

> **Tip**
> - 부츠 보관시 부츠 상자 이용
> - 부츠 키퍼가 없을 경우 신문·에어캡·쇼핑백·상자 등을 활용

## 신발장(Before → After)

◀ 우산·운동용품·야외놀이 도구·공구·청소용품 등

chapter 3  현관·신발장 정리  **31**

## 신발장(Before → After)

◀ 공구 박스
(종류별 수납)

◀ 상자 활용
(세로 수납)

## 신발장(After)

[장점]
- 팬트리나 베란다에 신발 정리함을 활용하면 수납률을 높일 수 있다
- 일반적인 신발 상자보다 꺼내기 수월하다
- 안의 내용물을 볼 수 있다

[단점]
- 조립할 때 많은 시간과 노력 필요
- 2단 이상이 되면 무게 때문에 추후 변형이 오거나 무너질 수 있어 가벼운 신발 위주로 수납

## 신발장(Before → After)

▲ 스윙 신발장
– 책처럼 넘겨 앞·뒤 수납 가능

▲ 용도별·계절별로 수납

## 신발장(After)

▲ 용도별·사용 빈도별로 수납

◀ 스윙 신발장
■ 책처럼 넘겨 앞·뒤 수납 가능

◀ 인출식(회전) 신발장
■ 180° 좌·우 회전이 되어 앞·뒤 수납 가능

chapter 3  현관·신발장 정리  33

## 신발장(After)

[부부]  [자녀(보관용)]  [생활용품·공구·청소용품]  🔍 **Tip** 좁은 신발장 수납법

◀ 어린 자녀가 꺼내기 쉬운 곳에 수납(문턱에 가장 가까운 곳)

## 신발장(Before → After)

◀ 배송 바구니 재활용
- 바구니 통일 사용
- 운동용품·공구·장바구니·신발 관련 용품·청소 관련 용품 등을 품목별로 자리를 정하여 수납
- 자주 사용하는 캐리어는 꺼내기 쉽게 수납

## 원룸(Before → After)

[개선 방안]
- 무거운 것은 하단에 수납
- 공구 관련(바구니 활용 종류별 수납)
- 수납도구 사용해서 공간을 모두 사용

## 신발장(Before → After)

◀ 현관 신발장을 이용하여 매일 사용하는 마스크와 건강식품(보관용)을 수납

> **Tip** 베이킹 소다로 천연 신발장 탈취제 만들기 – 양말에 베이킹 소다를 넣고 다른 한쪽 양말을 덧씌워 신발에 넣어주면 발냄새 제거 및 탈취에 효과적이다(다시백으로 대체 가능)

## 신발장(After)

"청결한 집을 유지하기 위해서는
청소기 등을 활용한
주기적 관리가 필요"

◀ 청소 관련 용품
- 신발장 안에 콘센트가 설치되어 있는 경우 청소기・청소용품・발매트 등을 한곳에 모아 보관
- 찾는 시간이 단축되고 동선이 짧아짐
- 밖으로 나와 있으면 지저분해 보이지만 수납장 안으로 보관되어 미관상 좋음
- 노출이 되지 않아 아이들의 접근성이 적어짐(안정성)

## 신발장

[쇼핑백 활용 수납]

▲ 쇼핑백 통일(신발 관련 용품・생활 관련 용품 등)

[계절별 수납]

◀ 사이즈별로 쇼핑백 수납

**Tip** 신발만 수납하는 것이 아니라 드나들 때 필요한 물건을 수납(편리성)

## 신발장 활용(보관용)

▲ 주방용품・청소용품

▲ 마스크・생활용품

▲ 식품・생활용품

 Tip 신발을 다른 용품과 같은 공간에 두지 않는다

# Chapter 04

# 거실 정리

# 거실 정리 노하우

- 거실 기능에 따라 가구의 위치와 가전의 위치를 정한 후 공간에 맞는 수납
  - TV 시청을 하며 휴식 용도를 갖춘 기능
  - 업무를 보는 기능(재택 근무 등)
  - 모여서 차를 마시거나 영화 관람 등의 오락을 즐기는 기능
  - 북카페처럼 사용하는 가족실 기능
  - 자녀가 어린 경우에는 놀이방 기능
  - 책장·컴퓨터·의자·소파·장난감 등 모두 갖춘 멀티 기능
  - 반려동물(고양이·강아지·새)과 공유하는 기능

- 거실장 수납법
  - 가족이 함께 사용하는 물건 위주로 수납
  - 서랍에는 용도별·종류별·아이템별로 구획을 나누어 수납(의약품·핸드폰 관련 용품·문구류·TV 관련·잡동사니 등)
  - 수납도구를 이용하여 구획을 나누어 세로 수납을 원칙으로 수납

## 거실 1(Before → After)

- 거실의 용도를 정한다
- 거실에서 필요한 물건만 둔다
  - 가족이 함께 사용하는 물건 위주로 수납
- 방마다의 기능에 맞춰 그 외 물건은 이동시킨다

## 거실 2(Before → After)

▲ TV 시청 등 휴식의 기능

chapter 4  거실 정리  **41**

## 거실 3(Before → After)

▲ 가족 모두의 멀티 기능 공간
■ 책・장난감・TV 등

## 거실 4(Before → After)

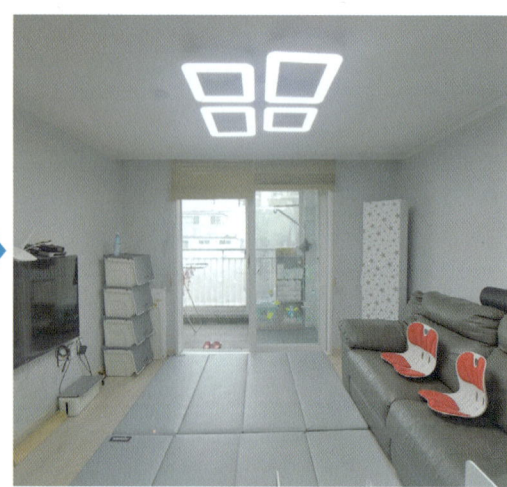

▲ 멀티 기능을 가진 용도의 휴식 공간
■ 책・장난감・TV 등

## 거실 5(Before → After)

▲ 놀이방 기능(자녀가 어린 경우)
- 장난감의 부피가 크거나 안전을 고려한 수납
- 자녀의 방에 작은 장난감을 수납

## 거실 6(Before → After)

▲ 놀이방 기능 공간
- TV가 있는 곳에는 책을 수납하지 않는 것을 원칙으로 한다

## 거실을 서재로 활용

- 거실을 서재로 꾸민 이유는 책을 가까이 하기 원하는 마음이다
  - 종류별・사용 빈도별・사용자별로 수납
  - 나이・키・취향에 따라 수납
  - 찾기 쉬운 수납
  - 정리하기 쉬운 수납(유지 관리)

 **Tip** 책은 크기・모양・컬러에 따라 분류해 꽂으면 깔끔하게 정리하기 쉽다

▲ 서재로 만들어 북카페처럼 사용하는 기능

## 거실 7(Before → After)

▲ 서재 기능을 가진 가족실

## 거실 8(Before → After)

▲ 업무를 보는 기능(재택 근무)

## 거실 9(Before → After)

▲ 취미 활동 기능을 가진 용도

## 거실 10(Before → After)

▲ 여가 생활과 차를 마실 수 있는 기능을 가진 용도

## 거실 11(Before → After)

- 거실을 반으로 나누어 안방의 2층 벙커침대를 거실로 이동
- 침대의 2층은 취침용으로, 아래쪽은 책상과 책꽂이를 이동하여 셋째 아들이 공부할 수 있는 공간으로 정리
- 거실의 반대편은 TV를 시청하며 쉴 수 있는 공간으로 정리

▲ 셋째의 방 기능의 용도  ▲ TV 등을 시청하는 가족실 용도

## 거실(After)

- 반려동물의 놀이 기능을 가진 용도
- 고양이를 여러 마리 키우고 있는 집
  - 문이 있는 붙박이장을 설치하여 물건들을 보관

## 거실 12(Before → After)

- 반려동물의 놀이 기능을 가진 용도
- 새를 여러 마리 키우며 살고 있는 집
  - 텐트를 새장으로 활용

chapter 4 거실 정리 **47**

## 거실장 서랍(Before → After)

- 모든 물건이 뒤섞여 있어 찾는데 시간과 노력이 필요
- 쌓기 수납으로 아래쪽 물건을 알 수가 없음

▲ 의약품   ▲ 문구   ▲ TV 관련(리모컨·건전지 등)   ▲ 서류   ▲ 휴대폰 관련

- 종류별로 정리하여 수납
- 한눈에 보이도록 세로 수납

## 거실장 서랍(Before → After)

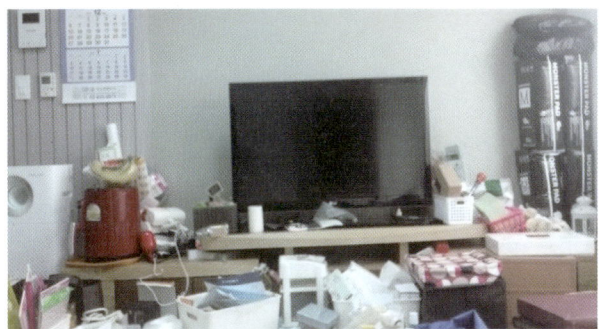

▲ 용도별로 분류하여 방마다의 기능에 맞춰 그 외 물건은 이동한다

▲ 가족이 함께 사용하는 물건을 종류별로 수납

[서랍별 정리]

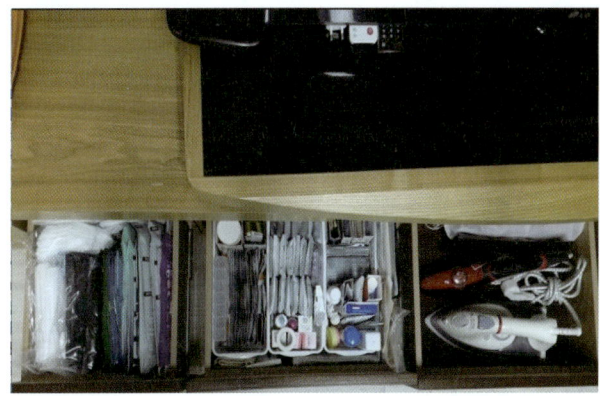

▲ 마스크　　▲ 의약품　　▲ 의류 관련(반짇고리 등)　　▲ 사무용품・전구 등　　▲ 공구・DIY용품

## 서랍장 서랍 1(After)

▲ 전선 관련

▲ 휴대폰 관련

▲ 건강 관련(의료용품)

## 서랍장 서랍 2(After)

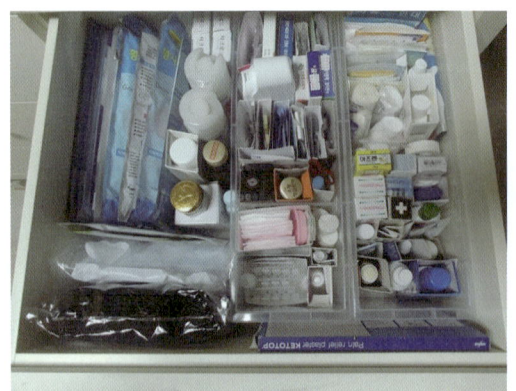
▲ 의약품(내복약/외용약)

▲ 의약품(성인/영·유아)

## 서랍장 서랍 3(After)

▲ 높고 깊은 서랍장
- 자주 사용하는 의약품을 손잡이가 있는 수납도구에 수납

## 서랍장 서랍 4(After)

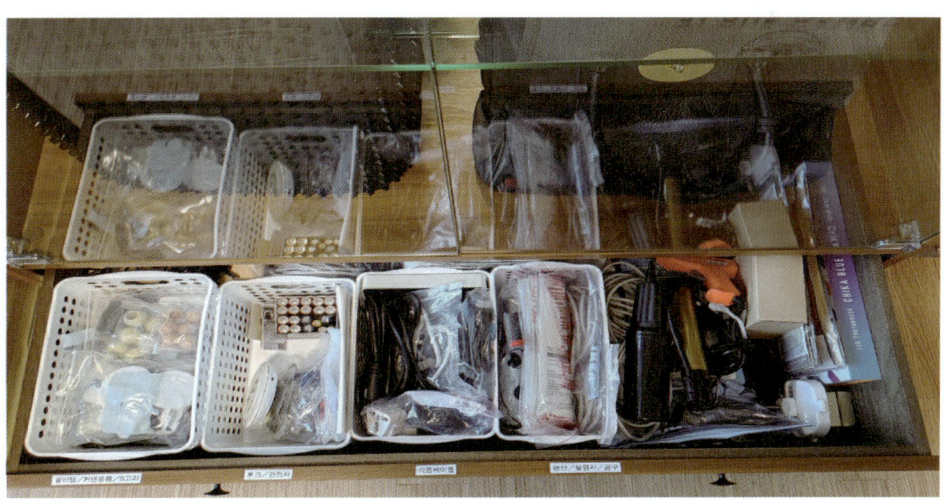

▲ 높고 깊은 서랍장
- 가족들이 자주 사용하는 공구 관련, 전선 관련 용품 수납
- 구획을 나누어 수납(수납도구 활용)

chapter 4　거실 정리

## 거실장 선반(After)

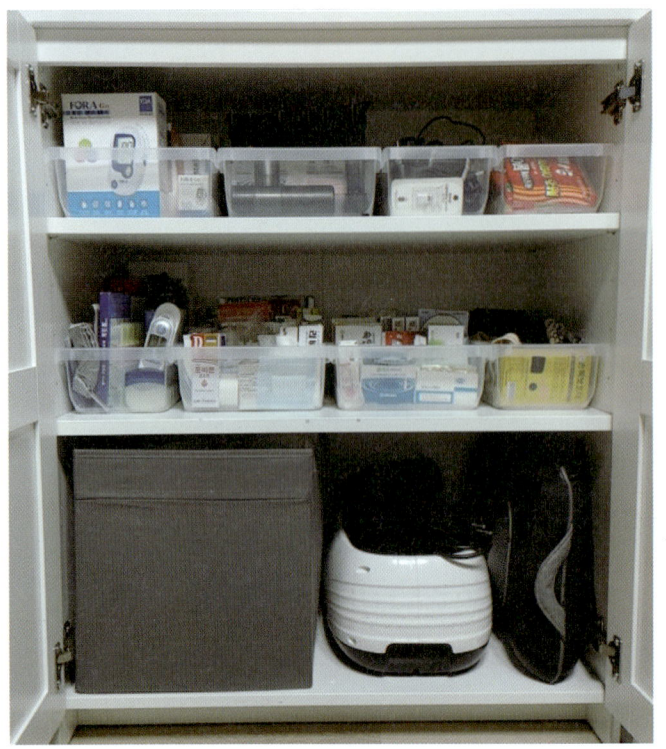

◀ 수납도구를 활용하여 종류별로 수납
- 의료용품·핸드폰 관련 용품·위생용품·의약품 등
- 수납도구를 이용하여 서랍처럼 사용
- 수납도구 안에서도 구획을 나누어 수납
  (상자·칸막이·제품 상자를 사용하여 수납)
- 세로 수납을 원칙으로 수납

> **Tip** 의약품 개봉 시 사용기한 표기가 없는 쪽을 잘라낸다

# Chapter 05

# 가구 재배치

## 가구 배치 순서

① 방의 기능 정하기 — 공부방·침실·서재·옷방·놀이방·취미방 등

② 기능에 맞는 가구 정하기 — 공부방·침실·서재·옷방·놀이방·취미방 등

③ 가구 배치 — 중복되지 않게 최소한의 가구만 배치

④ 생활 동선 파악 — 사용 빈도와 동선을 고려해 공간의 위치를 정하고, 필요한 가구를 배치

⑤ 종류별 — 색·소재·디자인이 비슷한 것을 골라 통일감을 준다
배치에 따라 공간의 크기가 확장되어 보이기 때문에 종류별로 배치

⑥ 레이아웃/수납 아이템 정하기

## 가구 재배치 효과

## 자녀방 → 엄마방 용도 변경 1(Before → After)

[고객 요구 사항]
- 집이 너무 복잡하고 정리가 안되어 들어오고 싶지 않아요
- 아이가 친구를 집에 초대하고 싶어해요
- 바닥 공간이 없어서 2층 침대에서 아이와 같이 자요
- 아이에게 공부할 공간을 만들어 주고 싶어요

[문제점]
- 좁은 방에 2층 침대. 생활 동선이 불편해 정리를 유지하기 어려움

[개선 사항]
- 방의 용도를 변경
- 낮은 침대를 넣어 생활 동선을 넓힘
- 계절별·용도별·종류별로 수납

## 엄마방 → 자녀방 용도 변경 2(Before → After)

[고객 요구 사항 개선]

- 독립적인 공간을 갖게 됨
- 자녀에게 공부할 수 있는 공간을 만들어 줌
- 넓은 방으로 옮겨 여러가지 활동을 할 수 있게 됨
- 자녀가 친구를 초대하게 됨

## 가구 재배치 효과

## 안방 · 침실(Before)

[고객 요구 사항]
- 안방에서 2세 아이와 함께 생활(잠자는 아이를 깨우지 않도록 주의해야 함!)
- 엄마 · 아이 옷장 필요 / 아빠 공간 필요
- 아이 옷장 구입 요청
- 안방을 깨끗하고 넓게 사용하고 싶어함

[문제점]
- 인터넷으로 옷장 사이즈 착오 구입(옷장 A)
- 드레스룸 안의 옷장 문을 활짝 열 수 없어서 엄마 · 아이 옷을 리빙박스에 넣고 사용(옷장 B가 제 역할을 못함)

## 안방 → 엄마 공간 & 침실(After)

[개선 사항]
- 사용자별 · 종류별 · 아이템별로 보이는 수납
- 사용자별 공간 분리 : 안방 · 아이방 · 아빠방
- 각자의 방으로 의류 및 물품 이동
- 드레스룸에 헹거 구입 설치
- 드레스룸의 옷장은 아빠방으로 이동
- 리빙박스의 엄마 옷을 옷걸이에 걸어 정리
- 바구니를 이용한 세로 수납(속옷 · 양말 · 보관용 등)

## 작은방 → 아빠 공간 1(Before → After)

[고객 요구 사항]
- 출근 준비 시 아이를 깨우지 않는 환경으로 만들기 원함

[개선 사항]
- 방의 역할
  - 아빠 옷방·서재
- 욕실 앞의 작은방을 아빠 공간으로 활용하여 출근 준비 용이

## 작은방 → 아빠 공간 2(Before → After)

- 가구 배치는 색·소재·디자인이 비슷한 것으로 통일감을 줌
- 붙박이장을 활용할 수 있도록 가구 재배치
- 옷 정리를 계절별로 구분하여 수납(붙박이장과 옷장에 분류 수납)

## 자녀방(Before → After)

## 가구 재배치 효과

[개선 사항]
- 서재와 안방에 있던 옷장을 아이방으로 이동
- 사용자별·종류별·아이템별로 보이는 수납
- 리빙박스의 아이 옷을 옷걸이에 걸어 정리
- 서랍장에 아이 속옷·양말 등 수납

**Tip** 가구 재배치는 색·소재·디자인이 비슷한 것으로 통일감을 줌

## 옷방 → 드레스룸 (Before → After)

[고객 요구 사항]
- 붙박이장을 사용하지 못하고 있어요
- 물건과 옷을 찾기 힘들어요
- 정리가 안돼서 창고처럼 쓰고 있어요
- 드레스룸처럼 만들어 주세요

[문제점]
- 시스템장이 붙박이장을 가로막고 있어 문을 열 수 없음
- 모든 물건이 섞여 있어 유지 관리가 어려움

[개선 사항]
- 시스템장을 좌측에서 우측으로 이동
- 책장을 사용하여 책・액세서리・화장품・새 상품・향수 등을 수납
- 이동식 트롤리를 사용하여 자주 사용하는 화장품과 헤어 관련 용품을 수납
- 옷걸이를 통일해서 사용자별・종류별・아이템별 수납
- 한눈에 보이도록 수납
- 보이지 않는 곳(바구니 등)은 라벨링하여 찾기 쉽도록 수납

## 원룸(Before → After)

[고객 요구 사항]
- 정리를 해도 물건 찾기가 쉽지 않고 유지하기가 너무 힘들어요. 유지하기 쉽도록 해주세요
- 침대를 구입하고 싶은데 가구 배치는 어떻게 하는 것이 넓어 보일까요?

2020. 12. 11

자취 생활 10년차라 짐도 많고 직장생활 힘들다는 이유로 치우지도 않지만 예쁜 집에 살고 싶다는 통손 1인입니다..ㅠ-ㅠ

요새 막연히 침대가 사고 싶은데 놓을 자리도 없고 집이 갑갑하기만 해서 고수님께 도움을 부탁드렸어요.

아침 8시부터 저녁 8시까지 정말 하나하나 꼼꼼하게 정리하고 청소까지 해 주신.. 이러니 감동을 안할 수 있나요. 침대 살거라고 말씀드렸더니 침대놓을 자리 사이즈 재서 비워주시고 생활하기 편한 동선으로 가구 위치까지 바꿔주셨어요.^^ 가구도 많지 않고 수납공간도 없는데 그 어려운걸 고수님께서 해내셨습니다!!

[개선 사항]
- 추후 구입할 침대의 위치를 확보 후 생활 동선을 고려한 수납
- 용도별·종류별·아이템별로 수납
- 계절용품(의류·이불) 등을 리빙박스 활용
- 옷걸이를 이용하여 의류 수납

## 주방 1(Before → After)

[고객 요구 사항]
- 주방이 좁아 조리도구들이 베란다에 있어 너무 불편해요
- 식탁 사용 시 딸아이 방으로 가기가 힘들어 식탁을 사용하고 싶지 않아요

[개선 사항]
- 식탁·전자레인지 선반장 1개 배출 후 통로 확보
- 방에서 배출된 5단 책꽂이를 눕혀 주방 수납장으로 활용
- 베란다에 있던 조리도구들을 수납장으로 이동
- 용도별·종류별·아이템별로 수납

## 주방 2(Before → After)

가구 배치 : 색·소재·디자인이 비슷한 것으로 통일감을 줌

[고객 요구 사항]
- 주방 사용하기가 불편해요
- 식탁 위에 물건이 자꾸 쌓여 식탁을 사용하지 못해요
- 장을 본 물건을 정리할 때 공간이 너무 좁아서 정리가 어려워요

[개선 사항]
- 식탁을 배출하여 주방 통로 확보
- 사용 불가한 장식장 배출, 흩어져 있던 원목 가구들을 한 곳에 모아 활용
- 3단 책장은 서재로 이동
- 용도별·종류별·아이템별로 수납

## 주방 3(Before → After)

[고객 요구 사항]

- 공간이 부족하여 식탁 위에 꺼내 놓고 사용해서 정리가 어려워요
- 아일랜드 식탁을 사용하기 불편해요
- 거실이 복잡해요

[개선 사항]

- 서재에서 배출된 책장을 리폼하여 설치 → 자주 사용하는 것 수납
- 아일랜드 식탁의 앞과 뒤를 위치 변경
- 동선을 고려하여 용도별·종류별로 수납
- 거실 가운데의 커다란 안마기를 창가 쪽으로 이동하여 거실을 넓어 보이게 함

## 거실(Before → After)

[고객 요구 사항]

- 다도교실을 열고 싶어 다양한 다도용품이 곳곳에 쌓여 있어요
- 한 곳에 모아서 편리하게 정리하여 장식하고 싶어요
- 거실 가구 중 꼭 필요한 것만 사용하고 추가로 필요한 것은 구입하고 싶어요
- 재택 근무 시에 주방의 식탁을 다용도로 활용하고 싶어요

[개선 사항]

- TV 2대 중 1대는 안방으로 이동/서랍장은 공동욕실 앞/책장은 베란다로 이동
- TV 거실장 2개 배출 → 높은 거실장/유리 장식장 구입
- 용도별·종류별·색상별·재질별로 수납
- 식탁을 거실 창가로 이동

## 자녀방(Before → After)

[고객 요구 사항]

- 침대가 창가에 있어 겨울에 너무 추워요
- 가구는 많은데 활용이 어려워요
- 정리하는데 시간이 너무 많이 걸리고 물건을 찾기 어려워요
- 유지가 힘들어요
- 성인이 되어 옷과 화장품이 많아졌는데 수납할 공간이 부족해요

[개선 사항]

- 침대의 위치를 창가를 중심으로 가로 방향에서 세로 방향으로 전환
- 망가진 화장대, 읽지 않는 책 등을 배출 후 가구 재배치
- 동선을 고려하여 용도별·종류별·아이템별로 수납
- 책장의 구획을 나누어 책과 화장품 등을 수납
- 옷봉을 추가 설치하여 접는 옷을 줄이고 한눈에 보이게 수납

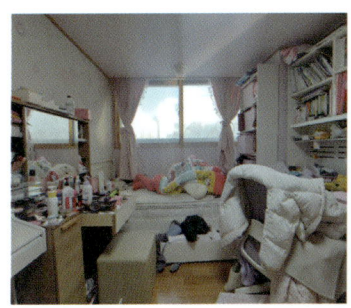

※ 용도 변경(고등학생 → 성인)

## 침실 → 딸방 용도변경 1(Before → After)

[고객 요구 사항]
- 아이들이 3학년, 5학년인 남매입니다. 지금까지는 잠자는 방과 공부방으로 나누어 사용하던 방을 사춘기로 접어들면서 각자의 방을 만들어 달라고 합니다

[개선 사항]
- 성별로 각자의 방을 만들어 줌
- 사용자별로 가구 및 물건 이동

## 공부방 → 아들방 용도변경 2(Before → After)

- 공부방을 남동생방으로, 침실을 누나방으로 변경

- 침대 리폼
  - 침대 아래 부분을 잘라내어 붙박이장 문이 쉽게 열리도록 리폼
  - 침대 헤드 부분을 경계로 공부하는 공간을 분리

## 가구 재배치 효과(방 분리)

■ 위 구획 결과로 딸과 아들이 각각 공부방을 겸한 침실을 갖게 되었다

# Chapter 06

# 침구 정리

## 이불 관리법

- 비닐(압축백) 등 제거
  - 압축백은 정전기를 발생시키고 먼지를 끌어당기는 원인이 된다
  - 통기성이 없어 곰팡이의 원인이 되니 비닐을 제거하고 통풍이 잘되는 곳에서 한나절 말린 후 보관

 ## 이불 관리 문제와 해결방안

- 옷장 크기에 맞추어 넓게 접어서 보관
  - 좁게 접어서 보관(유지하기 쉬움)
- 이불의 일정한 크기로 접지 않고 보관
  - 이불의 2단·3단·4단 접기를 바로 알고 응용해서 접기
- 모두 다 섞여 보관되어 있음
  - 계절·세트·아이템별로 구획을 나누거나 모아서 보관
- 이불의 방향이 모두 다르게 보관되어 있음
  - 입술 모양이 앞으로 오도록 보관

## 이불 정리 노하우

- 이불을 넣을 공간을 먼저 선정(레이아웃)
- 옷장에 보관할 경우 선반이 있는 곳 이용(유지가 쉬워져요)
- 계절·세트·아이템별로 묶어서 수납(관리가 쉬워져요)
- 이불 폭을 좁게 접기(유지가 쉬워져요)
- 서랍은 세로 수납(한눈에 보여요)

### 이불 접기(2단·3단·4단)

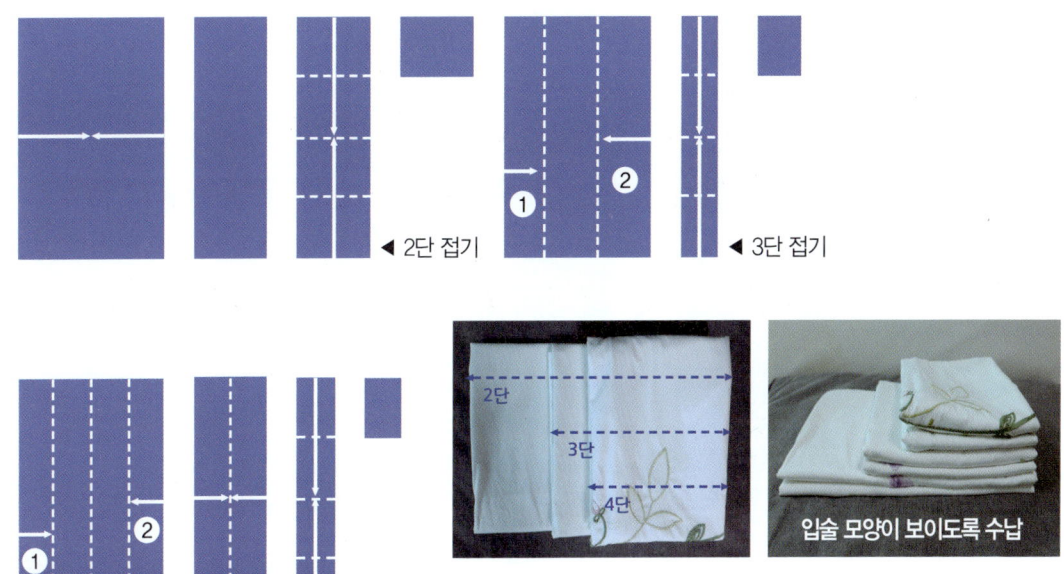

## 매트리스 커버 접기(가로 방향)

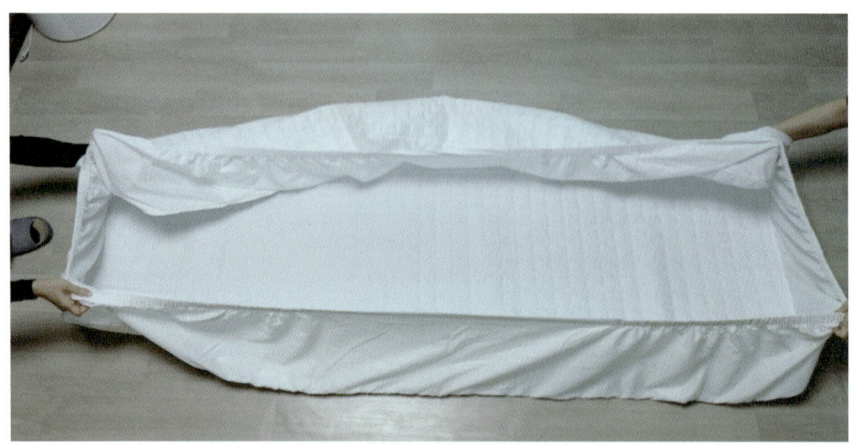

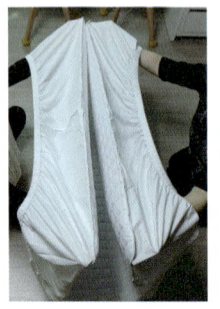

① 매트리스 뒷면이 서로 마주보게 만듭니다

② 한쪽 면을 다른 면 쪽으로 포갭니다

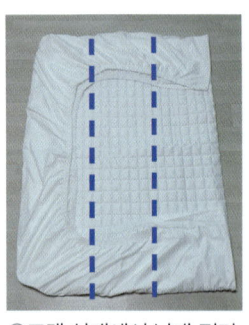

③ 포갠 상태에서 날개 정리 하기

④ 3단 접기 ※③에서 우측 1/3을 접은 모습으로 좌측도 똑같이 접는다

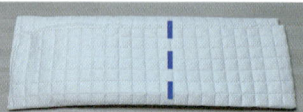

⑤ 마주보며 위로 반 접기

## 매트리스 커버 접기 (세로 방향)

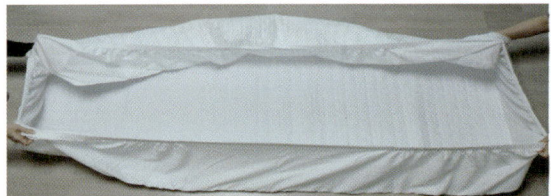

①, ②처럼 세로 방향으로 포개기

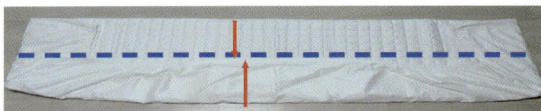

③포갠 상태에서 날개 정리하기

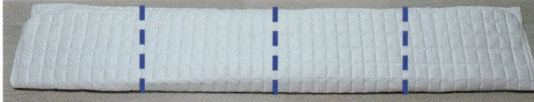

④마주 접기(대문 접기)

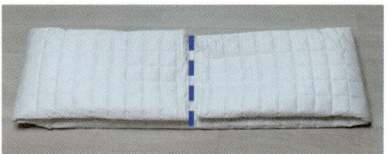

⑤마주보며 위로 반 접기

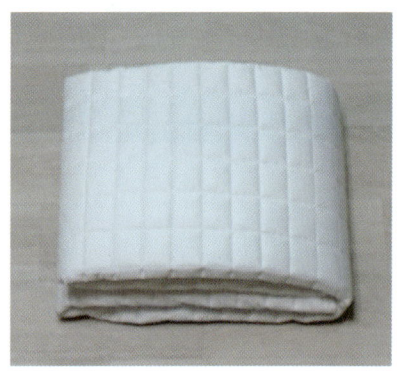

## 매트리스 커버 접기 비교

[크기 비교]

▲ ①가로 방향으로 접은 경우
　②세로 방향으로 접은 경우

①가로 방향으로 접은 경우

▼ 옷장 안에서 보이는 방향

②세로 방향으로 접은 경우

▼ 옷장 안에서 보이는 방향

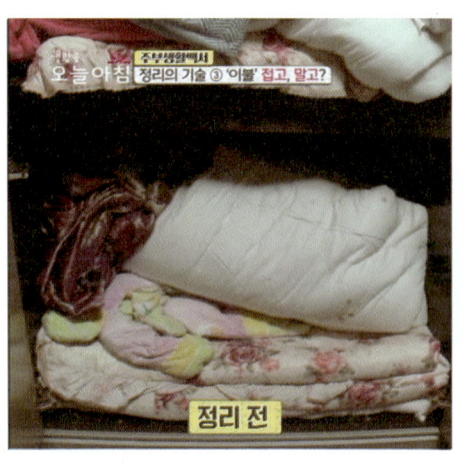 

## 이불장 기본 레이아웃

## 옷장 레이아웃 변경

> **Tip** 유지가 쉽다
> - 선반에 수납할 경우 꺼내기 쉽고 구획이 나누어져 보관이 용이하다
> - 쉽게 흐트러지지 않는다

chapter 6  침구 정리

## 드레스룸 활용

▼ 옷장에 있던 이불을 드레스룸으로 이동

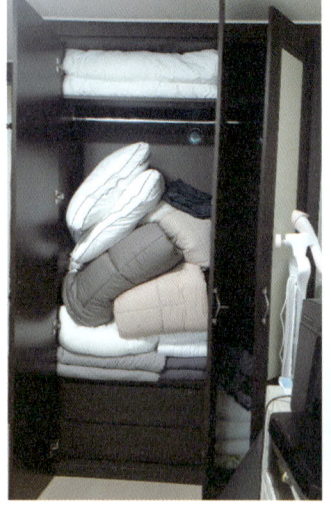

▼ 자주 사용하는 침구는 앞쪽에 위치

## 벽장 활용

## 책장 활용

## TV 하부장 활용

## 펜트리 활용

## 선반 활용

chapter 6 침구 정리

## 선반 활용

## 계절·아이템별 레이아웃 변경 1(장소 이동)

①자주 사용하지 않는 보관용 이불은 동선이 불편한 쪽으로 수납
②자주 사용하는 이불은 쓰기 편한 곳으로 이동

## 계절·아이템별 레이아웃 변경 2(장소 이동)

붙박이장 이동

팬트리로 이동

## 여름이불 보관 방법

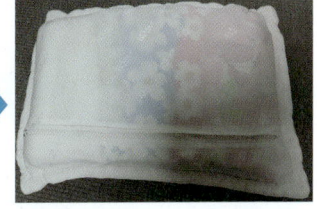

①베개커버 사용
②선반은 바구니 등 수납도구 사용
③얇은 이불은 스타킹으로 고정

chapter 6  침구 정리  **81**

## 서랍 수납 노하우

- 서랍의 가로·세로·높이에 맞는 샘플을 만들어 같은 크기로 수납
- 세워 넣기(세로 수납)
- 돌돌 말아 넣기
  - 소재가 얇아 모양이 흐트러지기 쉬운 경우
  - 두꺼워 접기 불편할 경우

 돌돌 말아 넣기를 할 경우 서랍의 높이를 생각할 필요가 없다(위에서 누르면 높이는 맞추어지고 면적이 늘어난다)

### 서랍장을 이용한 정리

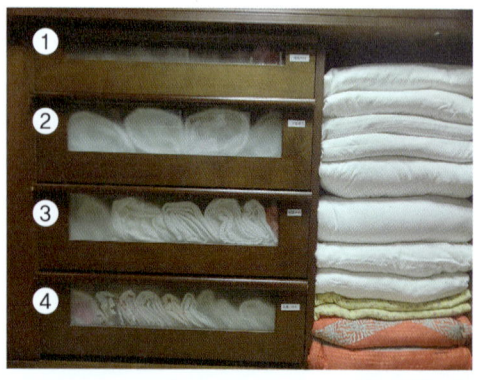

①세워 넣기

②돌돌 말아 넣기

③돌돌 말아 넣기

④세우기+말기

## 이불장 소품 정리

자주 쓰는 매트리스

쿠션 보관

베개 가로 수납

베개·쿠션 가로 수납

베개 세로 수납

## 공간 활용(침구의 자리)

chapter 6  침구 정리

# Chapter 07

# 옷걸이 활용

## 2010년 이후 옷장 트렌드

## 옷 정리의 변화 1

▲ 정리 전

▲ 정리 후

## 옷 정리의 변화 2

## 옷걸이 사용의 장점

출처 : 바두기옷걸이

## 옷걸이 선택법

어깨뿔

곡선 유지

손상 최소화

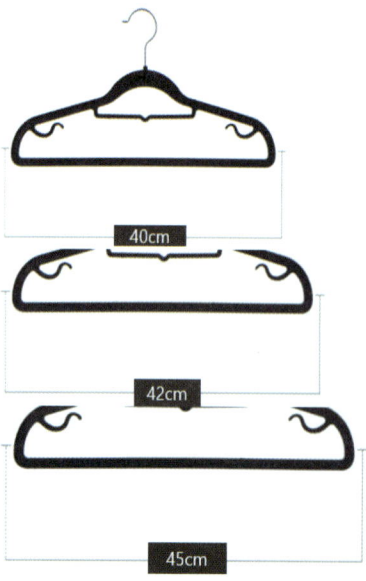

- 어깨뿔 방지
  체형 사이즈별로 옷걸이 크기를 다르게 사용
  - 옷크기 95 → 옷걸이 38~40cm
  - 옷크기 100 → 옷걸이 40~42cm
  - 옷크기 100 이상 → 옷걸이 42cm 이상
  - 양복은 양복 옷걸이나 원목 옷걸이를 사용
- 흘러내림 방지(논슬립) 기능이 있는 것을 사용
- 먼지가 묻어나지 않는 옷걸이를 사용
  - 세탁 → 건조 시(오래되면 먼지가 묻어 남)
- 집게·L자 걸이는 상의 걸이보다 높이가 짧다

## 옷걸이 통일의 중요성

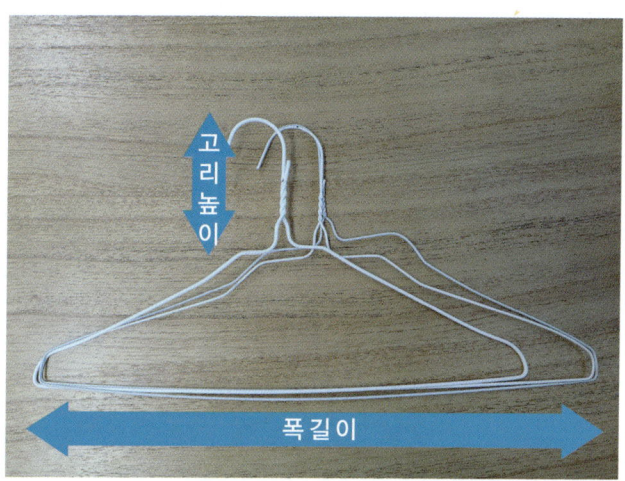

> 🔍 **Tip** 세탁소 옷걸이도 폭의 길이와 두께, 높이가 다르기 때문에 통일해서 사용하는 것이 좋다

## 옷걸이 활용법

▲ 옷걸이의 방향과 옷걸이가 통일되지 않았을 때

▲ 옷걸이 방향이 통일 되었지만 옷걸이가 통일되지 않았을 때

▲ 옷걸이의 방향과 옷걸이가 통일되었을 때
- 옷걸이 폭의 길이가 통일되지 않으면 들쑥날쑥한 상태가 됨
- 옷걸이 고리의 길이가 다르면 옷의 높낮이가 달라짐
- 옷걸이의 두께가 다르면 옷이 말려 들어감
- 옷걸이의 거는 방향이 다르면 들쑥날쑥하여 옷을 찾기 어렵고 많이 걸 수 없음

> 🔍 **Tip** 옷걸이를 통일하고 같은 방향으로 건다

## 정장(양복) 옷걸이

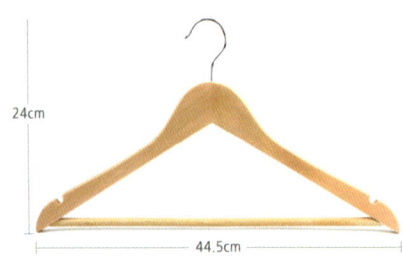

## 일반 옷걸이

## 논슬립 집게 옷걸이

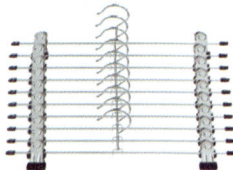

## 논슬립 L자형 옷걸이

## 집게 옷걸이·L자형 옷걸이 바른 사용법

   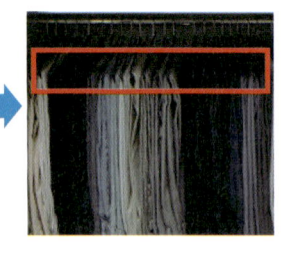

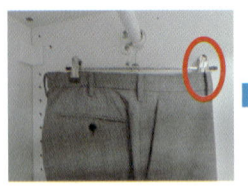 

- 집게 옷걸이에 걸 때
  ①집게 부분이 보이는 쪽의 규격을 맞추어 집어준다
  ②양복바지 앞주름 끝에 집게를 집어준 후 앞주름이 보이도록 걸어준다
- L자 옷걸이에 걸 때
  ①바지를 반으로 접어 앞섶이 보이도록 같은 방향으로 걸어준다
  ②엉덩이 부분이 뒤로 가도록 걸어준다

> **Tip** 보이는 쪽의 규격을 맞추어 걸어주는 것이 중요!

## 니트 바르게 걸기

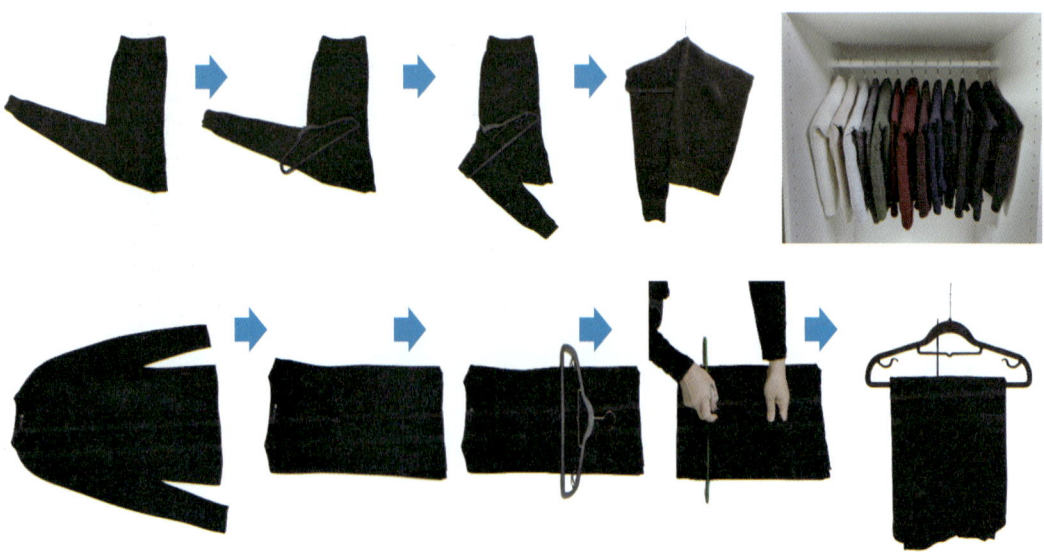

## 보관용 패딩

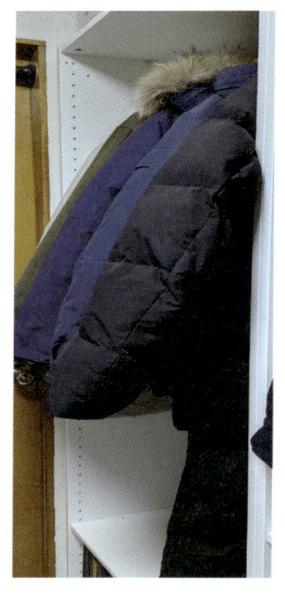

■ 패딩이 커서 팔 부분이 옷장 밖으로 나올 경우 옷장 안쪽에 있는 팔을 안으로 뒤집은 후 지퍼를 잠근 뒤 걸어준다

## 긴 패딩 옷걸이 활용법

▲ 아래 여유 공간 활용(바구니·수납박스)

고무링, 고무줄 집게, 옷고리

▲ 긴 패딩은 집게 옷걸이 활용 길이를 맞춤
- 집게 옷걸이를 상의 옷걸이에 거는 위치에 따라 옷 길이 조절 가능

chapter 7  옷걸이 활용  93

## 옷걸이 사용 효과 1

- 세탁소 옷걸이 사용 팁
  - 높이·길이가 같은 것으로 사용
  - 무거운 옷은 세탁소 옷걸이를 두세 개 겹쳐서 사용
  - 바지는 심지(종이 소도구)를 사용해서 걸어야 옷걸이 자국이 남지 않는다
  ※ 세탁소 옷걸이에 심지(종이 소도구)가 있을 경우 그대로 활용
  ※ 심지(종이 소도구) 대용으로 신문지를 사용

## 옷걸이 사용 효과 2

## 옷걸이 사용 효과 3

## 옷걸이 사용 효과 4

chapter 7  옷걸이 활용

# Chapter
## 08

# 옷장 정리

## 옷장 내부 선택 시 고려해야 할 사항

- 어떤 옷을 많이 가지고 있는지?
- 어떤 옷을 자주 입는지?
- 어떤 옷을 선호하는지?

| 옷장 · 서랍장 | 이불장 | 틈새장 선반장 | 긴옷장 | 이단봉장 | 윗선반 옷장 |

## 옷장 정리 순서

① 물건 꺼내기 — 세탁소 비닐은 모두 제거

② 분류하기 — 사용자별·종류별(상의, 하의, 속옷 등)·계절별·길이별로 분류
자주 입는 옷과 보관용으로 분류

③ 레이아웃 정하기 — 종류별로 물건의 양을 파악하고 레이아웃 정하기
침구류·의류·액세서리·기타 등

④ 수납 방법 정하기 — 걸기·접기·쌓기

⑤ 옷걸이 활용 — 옷걸이를 통일하고 같은 방향으로 건다

⑥ 수납용품 활용 — 서랍 수납·선반 수납

⑦ 라벨링

⑧ 방습제와 방충제

## 레이아웃 1

## 레이아웃 2

## 레이아웃 3

- 레이아웃 변경(이불 이동)
- 사용자별
- 계절별
- 아이템별
- 옷걸이 활용
- 선반 바구니 활용
- 새 상품

## 최근 옷장 레이아웃

- 옷장 레이아웃 변경
- 봉 설치
- 계절별
- 아이템별
- 옷걸이 활용
- 선반(바구니 활용)

## 안방 1(Before → After)

[3인 가구]
- 안방에서 어린 자녀와 함께 생활
- 옷과 이불이 섞여 있음
- 아이 옷은 서랍 및 바구니에 보관

- 레이아웃 변경
  (출퇴근 시 자녀가 깨지 않도록 레이아웃 변경)
- 보관용 분류
- 사용자별
- 아이템별
- 옷걸이 활용
- 바구니 활용
  (서랍 · 선반)

## 안방 2

- 레이아웃 변경
- 보관용으로 분류
- 사용자별
- 계절별
- 아이템별
- 옷걸이·바구니 활용

보관용

## 안방 3

입었던 옷 수납 공간 확보

입었던 옷 수납 실내복

chapter 8 옷장 정리

## 안방 4

- 5인 가구 : ①엄마 ②둘째 딸 ③셋째 딸
- 레이아웃 변경 : 사용자별 / 아이템별 / 옷걸이 활용 / 서랍형 리빙박스 활용 / 바구니 활용(서랍처럼 사용)

## 거실(자녀 공간)

- 5인 가구 : 막내아들
- 책장 레이아웃 변경 : 상의·하의 분류 / 옷걸이 활용

## 드레스룸 1

- 아이템별
- 자주 사용하는 가방(원터치)

## 드레스룸 2

마주 보이는 방향

- 서랍장 위치 이동 후 공간 활용
- 서랍 속 바구니 활용으로 구획 나누기
  − 속옷・양말

## 드레스룸 3

■ 바구니 활용(작은 가방 및 소품)

## 드레스룸 4

## 드레스룸 5

[ 문제점 ]
- 쌓기 수납
- 물건 구분 어려움
- 보이지 않음

[ 선반 ]
- 선반에 쌓여 있던 바지를 L자 옷걸이를 사용하여 모두 수납
- 바지 밑공간 활용하여 모자 수납
- 바구니 활용(속옷·양말 등)
- 가방

## 드레스룸 6

chapter 8  옷장 정리  **107**

## 드레스룸 7(Before → After)

[4인 가구]
4인 가족 옷이 안방과 옷방에 섞여 있는 상태
- 아이 옷장 배출(나눔)
- 레이아웃 변경
- 보관용 분류
- 사용자별 · 아이템별
- 옷걸이 활용 · 바구니 활용(서랍 · 선반)

보관 · 소품

# 드레스룸 8

- 옷의 종류를 파악하지 않고 가구 구입
- 소품이 많음
- 다양한 옷걸이 사용
- 2단 선반을 1단 선반으로 변경 활용
- 신발 보관함 활용(모자 등)

[소품]

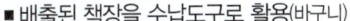

- 배출된 책장을 수납도구로 활용(바구니)

chapter 8  옷장 정리  **109**

## 작은방 1

## 작은방 2

## 구조 변경 1

◀ 최소한의 것만 접기
- 속옷·양말
- 라벨링 필수!

> **Tip** 망서랍
> - 구멍으로 빠지지 않는 물건 수납
> - 수납도구 활용(바구니·쇼핑백 등)

## 구조 변경 2

## 옷장과 벽 공간 활용 1

수납공간 부족 시 옷장과 벽 사이에 옷봉을 설치하여 공간 활용

## 옷장과 벽 공간 활용 2

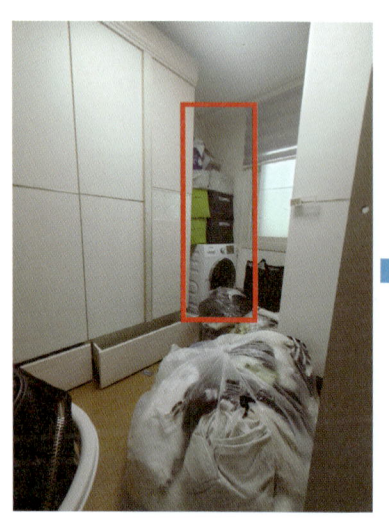

## 벽장 활용

### 옷장으로 활용

▲ 시스템장을 철거하고 헹거 설치

### 보관용 옷장으로 활용

▲ 창고로 사용하던 벽장을 옷봉 설치 후 이중 수납

> **Tip** 뒤 : 옷봉 설치(보관)   앞 : 이동식 헹거

## 문제점(Before)

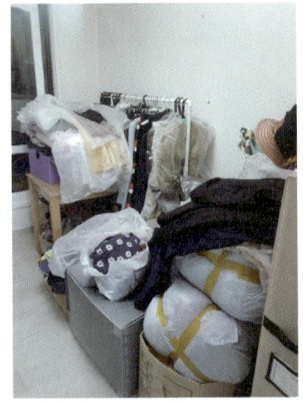

## 옷장 문제점

- 옷들이 방마다 뿔뿔이 흩어져 있다
- 포장된 옷들이 많다
- 입지 않는 옷과 많은 소품들이 섞여 있다
- 아이템별(끼리끼리) 구분되지 않고 섞여 있다
- 선반을 이용하여 옷을 수납하였다
- 세탁소 비닐을 씌운 옷을 그대로 두었다
- 대충 쌓아 두어 찾기가 쉽지 않다
- 수납도구를 사용하지 않거나 잘못 사용하고 있다

## 해결 방안(After)

## 옷장 정리 노하우

- 자주 입는 옷 · 보관용 · 나눔 · 버릴 옷으로 분류
- 주어진 공간 확인하기(레이아웃)
- 사용 빈도별로 공간 정하기
- 생활 동선에 맞추어 편리한 수납
- 옷봉 설치 – 옷걸이 수납
- 옷걸이 통일
- 접는 수납은 최소 – 유지하기 쉬움
- 끼리끼리 정리 – 종류별 · 아이템별로 수납
- 옷걸이 활용
- 접기 수납 – 니트 · 맨투맨 티 · 속옷 · 양말

## 같은 종류별 구분

## 운동복

## 패딩 보관법

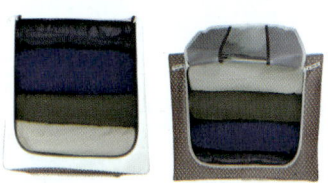

- 보관용 패딩은 접기 수납
  - 충전재가 밑으로 뭉치는 것을 방지

## 패딩 접는 방법

## 선반 활용

VS

> **Tip** 선반 활용 시 얇은 의류를 접기보다는 부피가 큰(니트·맨투맨 티·패딩 등) 의류를 접는 것이 유지 관리가 쉽다

▲ 양이 많은 경우(세로 수납)

▲ 양이 적은 경우

– 청바지 자체에 힘이 있어서 도구 없이도 수납 가능

## 리빙박스 사용

▲ 쌓기 수납

▲ 세로 수납

# Chapter 09

# 옷 개는 방법

## 세로 수납 수건 개기(3단 접기)

## 사우나식 수건 개기

## 호텔식 수건 개기

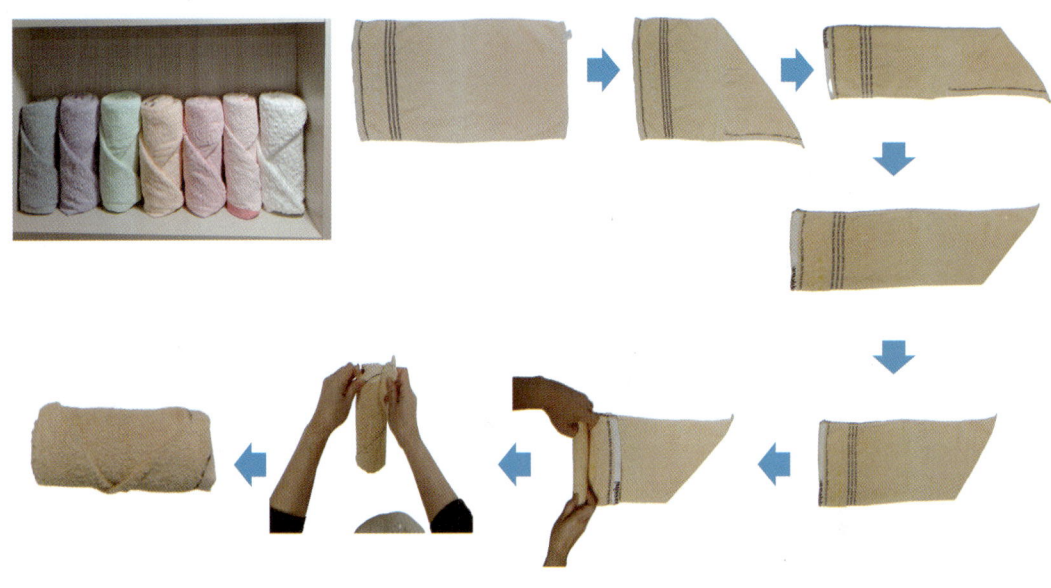

## 긴 바지

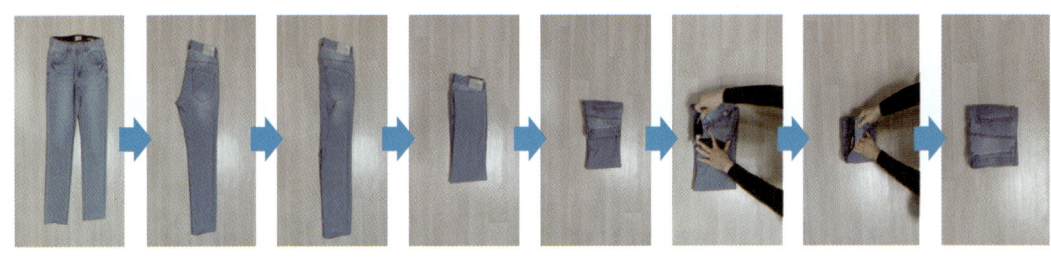

## 긴 바지

## 후드티

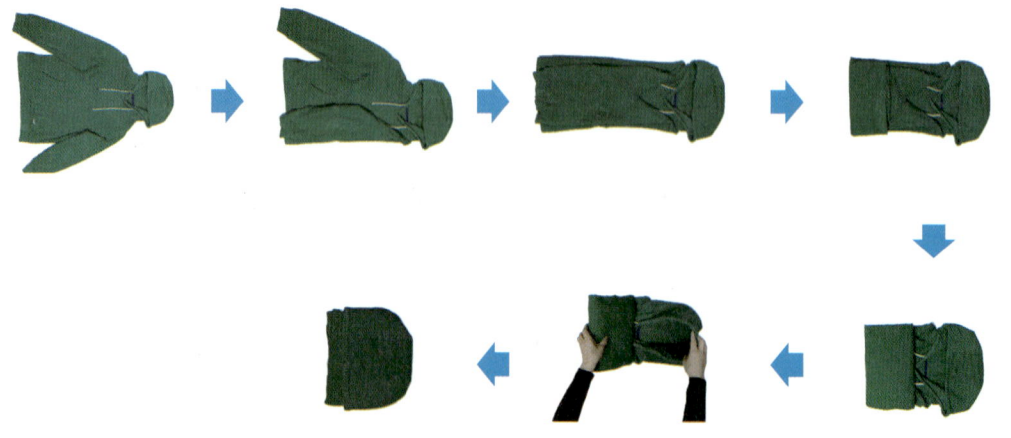

## 반팔 티셔츠

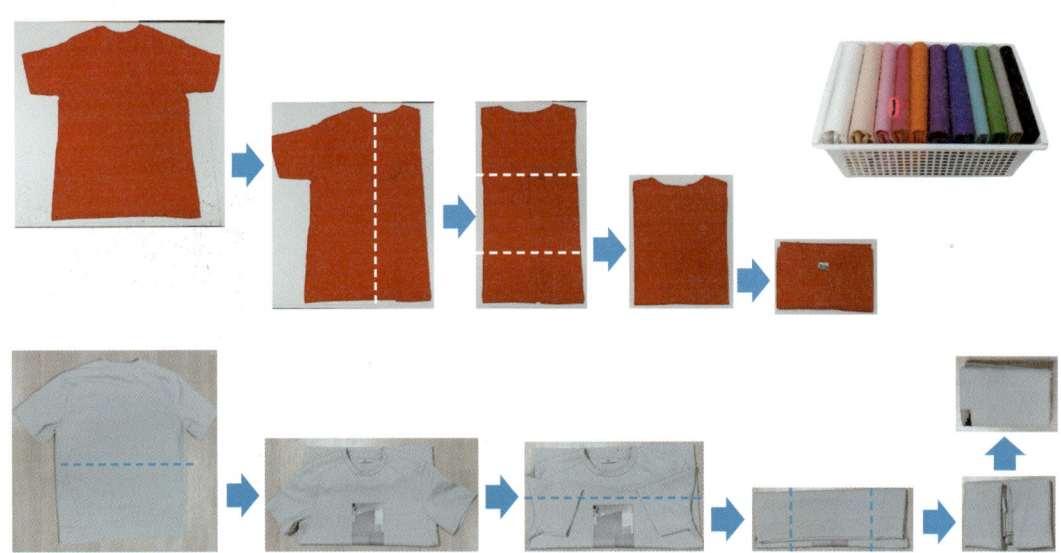

## 민소매 1

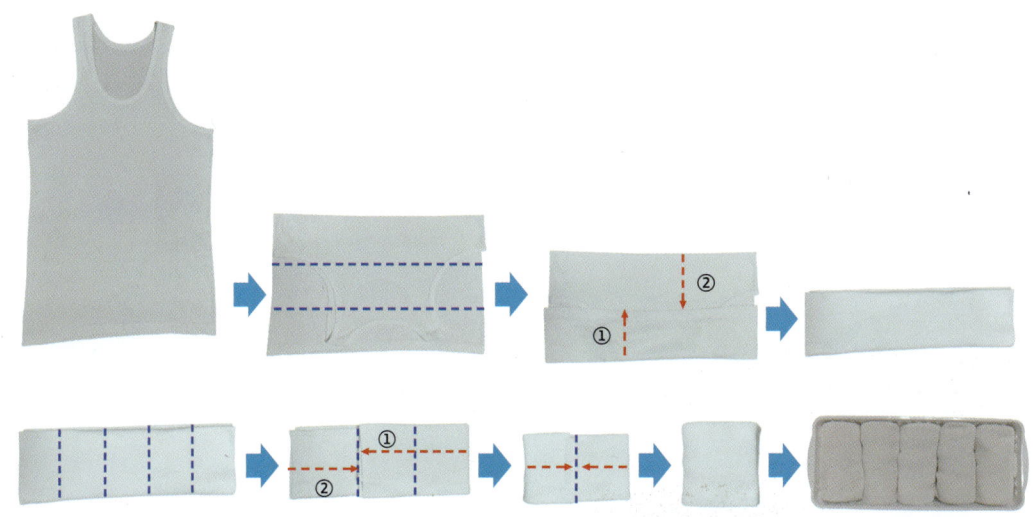

chapter 9 옷 개는 방법

## 민소매 2

★1 위의 주머니가 만들어지면 ★2와 같이 아랫부분을 넣어줌

## 남자 사각팬티

고무줄 안으로 아랫단을 넣습니다

## 실크팬티

 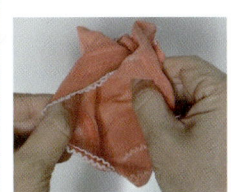 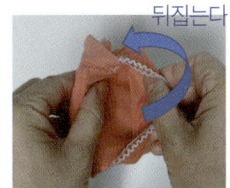 

뒤집는다

## 여자 면팬티 · 속치마

## 브래지어

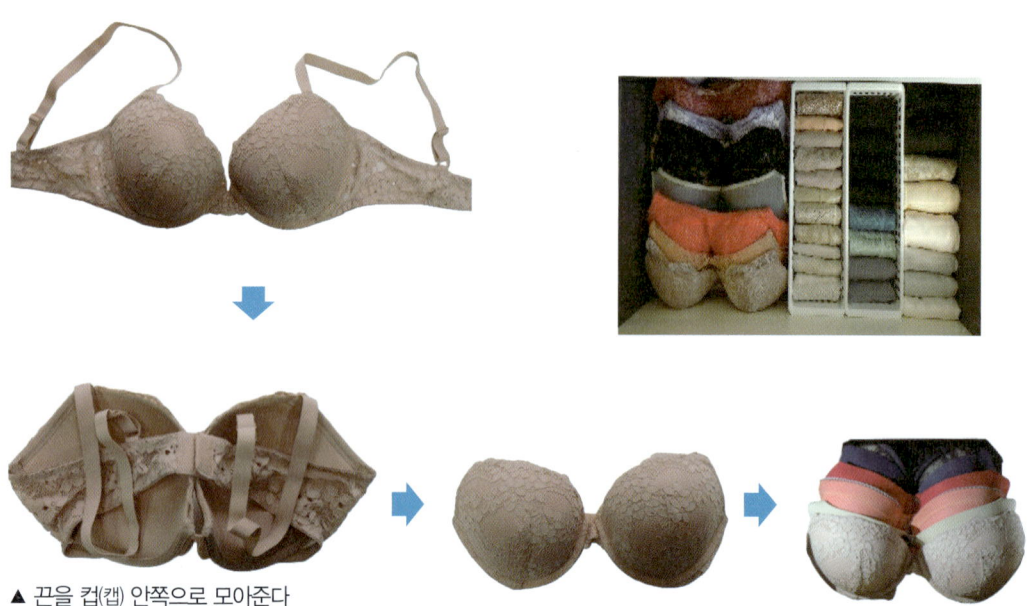

▲ 끈을 컵(캡) 안쪽으로 모아준다

## 슬립 1

▲ 직사각형으로 만든 후 주머니를 만드는 것이 중요!

※ 아래 3컷은 확대 사진

## 슬립 2

※아래 3컷은 확대 사진

## 양말의 종류

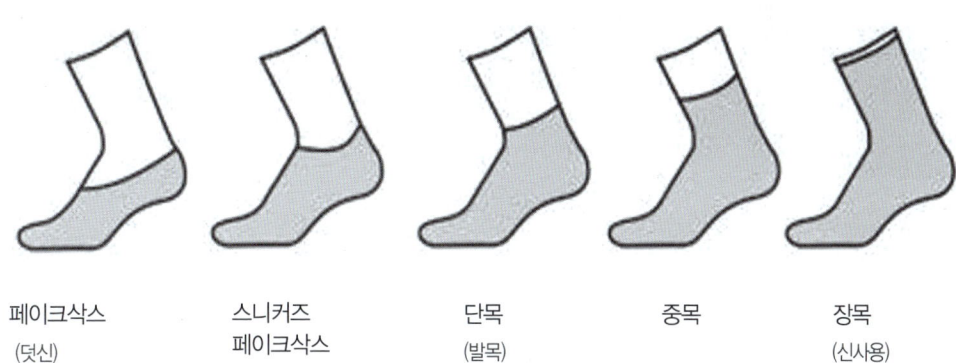

페이크삭스
(덧신)

스니커즈
페이크삭스

단목
(발목)

중목

장목
(신사용)

chapter 9  옷 개는 방법  **129**

## 페이크삭스(구두) 덧신

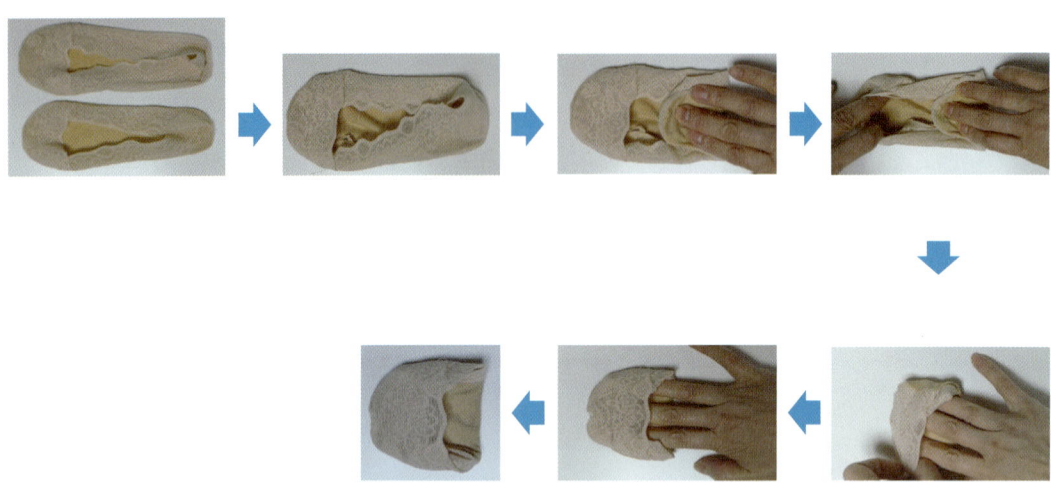

## 양말 덧신

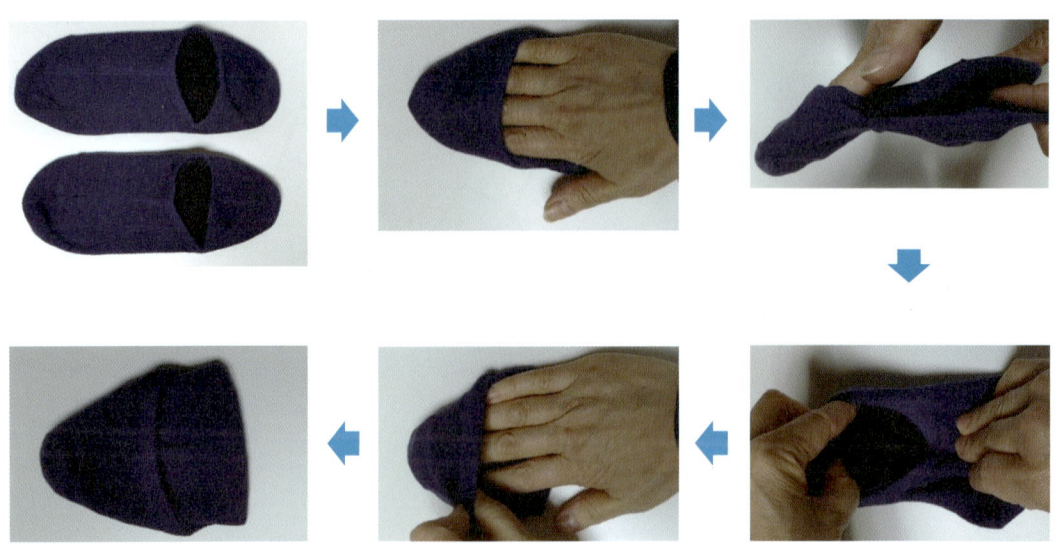

## 단목(발목) 양말

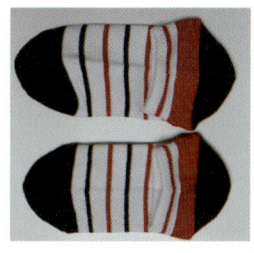 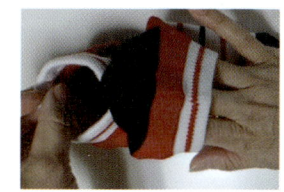 

  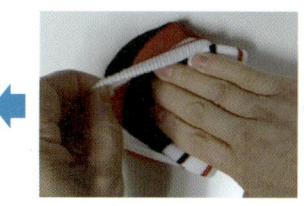 

## 중목 양말

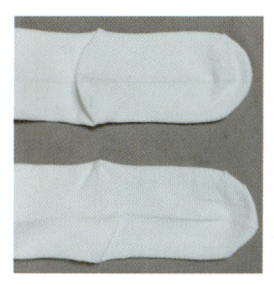 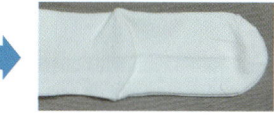 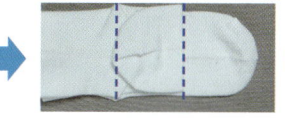 

  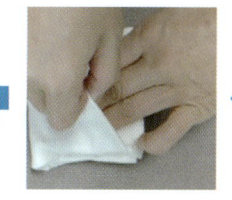 

## 장목(신사용) 양말

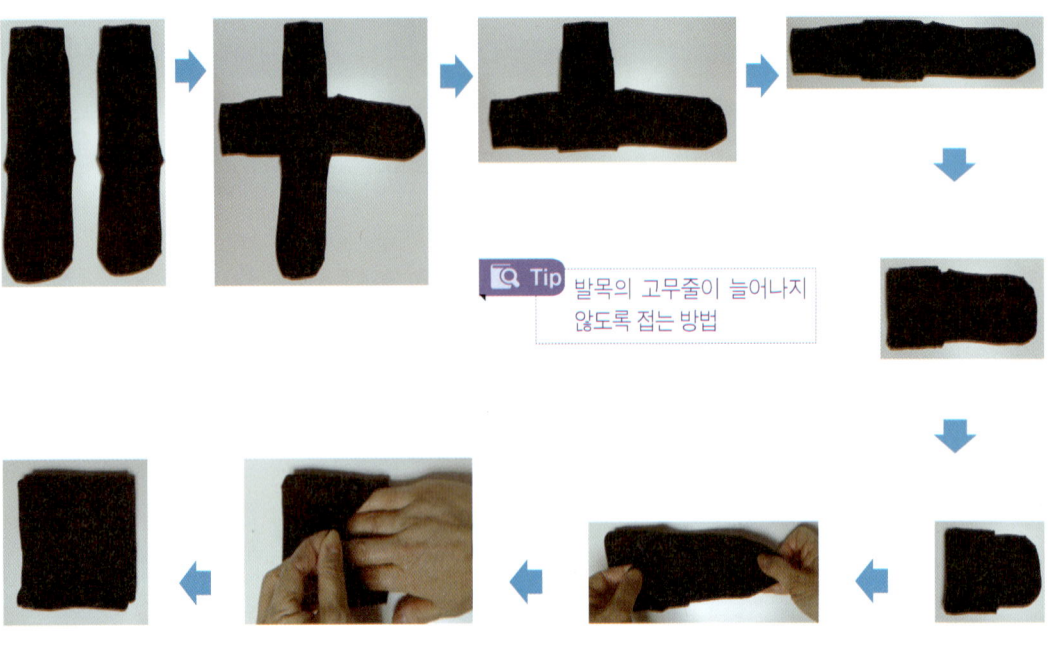

> **Tip** 발목의 고무줄이 늘어나지 않도록 접는 방법

## 스타킹

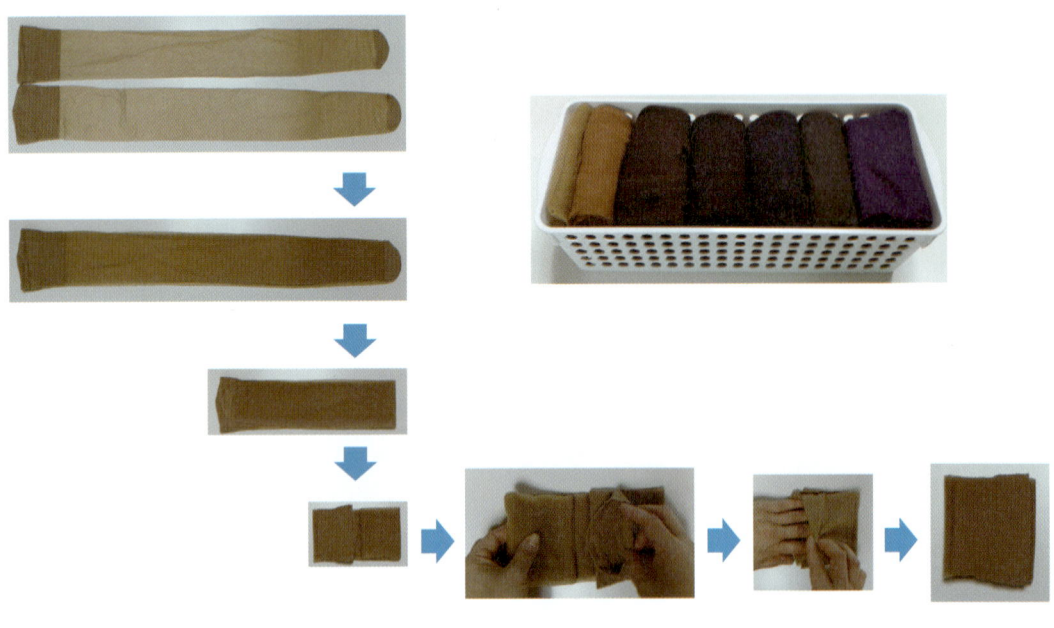

## 스카프

## 장갑, 수영복

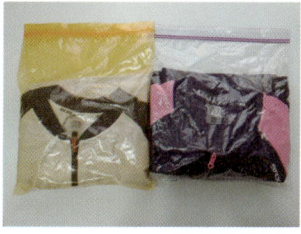 

# Chapter 10

# 옷장 서랍장

## 서랍 정리 노하우

- 서랍은 통으로 만들어져 있어 구획을 나누어 사용하는 것이 효과적(수납도구 활용)
  - 바구니 · 박스 · 칸막이 · 두꺼운 종이 등
- 서랍의 크기와 높이에 따라 옷 접는 방법과 수납 방법을 정한다
- 하루에 한 번 이상 사용하는 의류는 꺼내기 편리한 곳에 수납(속옷·양말 등)
  예) 5단 서랍장 중 세 번째 서랍
- 속옷과 양말은 유지하기 쉽도록 바구니 등의 수납도구를 활용
- 수납도구는 데드 스페이스가 적은 것으로 사용

### 아일랜드장(레이아웃)

## 서랍(레이아웃)

▲ 브래지어

[다양한 수납도구 활용 참고]

▲ 팬티(남)

▲ 팬티(여)

▲ 슬립

▲ 메리야스

▲ 올인원

▲ 양말(여) (우유통(연질))

▲ 양말(남)

## 서랍(여성 속옷)

[다양한 수납도구 활용 참고]

chapter 10  옷장 서랍장  **137**

## 서랍(남성 속옷·양말·소품)

[다양한 수납도구 활용 참고]

## 서랍(양말)

[다양한 수납도구 활용 참고]

## 서랍(실내복)

[다양한 수납도구 활용 참고]

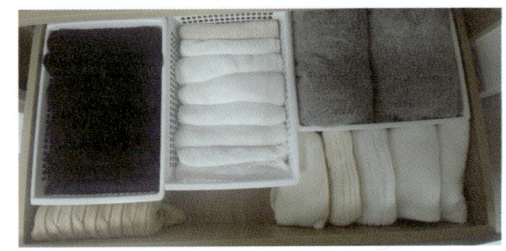

## 서랍(상의)

[다양한 수납도구 활용 참고]

## 서랍(하의)

[다양한 수납도구 활용 참고]

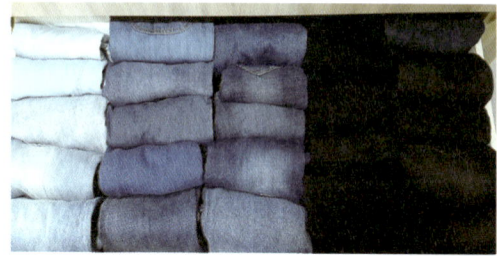

## 서랍(니트)

[다양한 수납도구 활용 참고]

## 서랍(수영 관련 · 운동복)

[다양한 수납도구 활용 참고]

## 소품(스카프 · 목도리 · 퍼)

[다양한 수납도구 활용 참고]

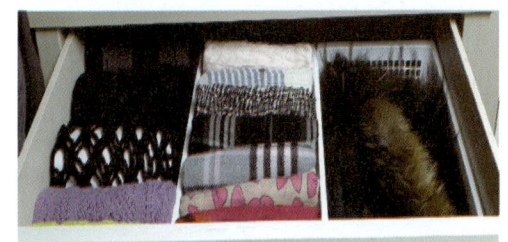

## 소품 수납법 1

[다양한 수납도구 활용 참고]

▲ 종류별로 구획 나누어 수납

▲ 주름 스카프는 돌돌 말기

▶ L자 옷걸이 활용

▲ 울 소품

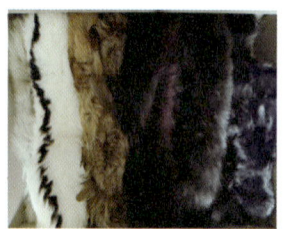
▲ 퍼는 여유있게 보관

## 소품 수납법 2

[다양한 수납도구 활용 참고]

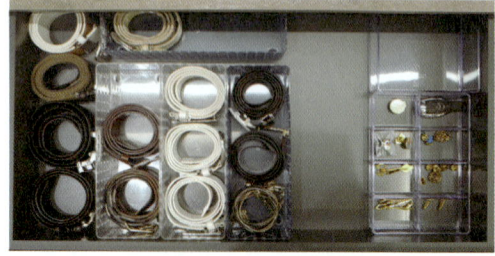

## 소품 수납법 3

[다양한 수납도구 활용 참고]

## 소품 수납법 4

## 소품 수납법 5(모자)

[다양한 수납도구 활용 참고]

▲ 소품 정리 : ① → ② or ③

## 소품 수납법 6(모자)

[다양한 수납도구 활용 참고]

▲ 옷장 상부

▲ 시스템장 내 서랍

▲ 행거 아래 남는 공간 활용

▲ 신발 정리함 활용

## 가방 1

[다양한 수납도구 활용 참고]

선반 수납 시

제품상자 보관 시

- 장점 : 바로 사용할 수 있음
- 단점 : 장시간 미사용 시 먼지가 쌓임

- 장점 : 먼지 쌓임 방지 · 미관상 깔끔
- 단점 : 꺼내기 불편

## 가방 2

▲ 같은 색상의 쇼핑백을 사용하면 깔끔해 보인다

## 가방 3

자주 사용하는 가방 · 보관용

## 가방 4

이동식 트롤리 활용

 **Tip**
- 바구니 : 에코백 · 작은 가방 · 더스트백 · 파우치 등 수납
- 쇼핑백 : 같은 색의 쇼핑백을 활용해 통일감을 줌

▲ 힘없고 작은 가방은 서랍에 수납

## 가방 5

북엔드 활용

나무 책꽂이 활용

> **Tip** 바구니에 눕혀서 넣은 후 바구니를 세운다

화장대 하부장 수납

## 수납도구 활용 1

- 공간에 맞는 수납도구 사용
  - 데드 스페이스 최소화
- 수납도구 통일

chapter 10  옷장 서랍장

## 수납도구 활용 2

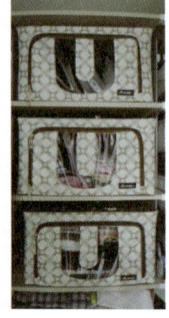

> **Tip** 가지고 있는 수납도구를 통일감 있게 활용

## 수납도구 활용 3

▲ 서랍이 부족할 경우에는 선반에 작은 바구니를 이용하여 종류별 품목별 수납(속옷·양말·소품 등)

▲ 이중 수납(바구니 뒤의 바구니) 앞쪽에 자주 사용하는 것 수납

## 수납도구 활용 4

- 가지고 있는 바구니 활용
- 다양한 수납도구가 있을 때 같은 공간에는 동일한 수납도구 사용

긴 투명트레이 활용

## 옷장 관리법

◀ 세탁소 비닐
- 정전기 발생
  - 먼지를 끌어 당기므로 비닐 제거 후 보관
- 통기성이 없어 곰팡이의 원인이 됨
  - 비닐을 제거하고 통풍이 잘 되는 곳에서 한나절 말린 후 보관

## 의류 관리법

- 드레스룸 · 옷방
  - 창에 커튼 · 블라인드 · 롤스크린 등 설치
  - 직사광선에 오랫동안 노출되는 경우 탈색의 원인이 됨
- 옷장 안의 옷은 70~80%만 수납(통풍)
- 사용자별로 관리하는 것이 좋다
  - 옷을 걸기 때문에 찾기 쉽고 유지 관리가 쉽다

## 니트

- 외출 후 의자나 건조대에 잠깐 걸쳐 놓는다(거풍)
- 서랍 · 선반 보관 시
  - 바구니 · 리빙박스 활용
- 옷걸이 보관 시
  - 옷걸이 활용에서 배운 방법 참고

## 코트

- 스팀을 이용한 다림질
- 브러시를 이용하여 손질(울의 결 정리 • 광택 유지)
- 하루씩 걸러서 입어주면 형태의 변형을 막을 수 있음
- 수분에 약함(눈 • 비 • 습도)
- 커버 사용(면 • 부직포)
- 단추를 채우고 보관(옷의 변형 방지)
- 주머니에 방충제 넣기

## 모피

- 물기 제거
  - 눈 • 비 : 물기가 가죽으로 스며들지 않도록 잘 털어낸다
- 털 뭉침 방지
  - 거즈에 알코올을 묻혀 가죽에 스미지 않도록 털만 닦는다
- 모피가죽의 경화 현상
  - 제습제를 넣지 않는다
- 장시간 보관 시
  - 통기성이 높은 실크 스카프나 면 등 천연 소재의 덮개 사용
    옷장에서 퍼가 눌리지 않게 여유 있게 수납

## 가죽 · 무스탕 · 스웨이드

- 직사광선과 고온 다습한 환경을 피해 보관(방충제와 함께 보관)
- 스웨이드 소재
  - 진공청소기를 사용해 먼지 제거
- 가죽 무스탕이나 스웨이드는 먼지를 잘 털어낸 후 부드러운 천으로 닦거나 전용 클리너 사용
- 무스탕이나 스웨이드의 얼룩은 고무지우개 또는 우유를 묻힌 거즈로 닦아준다
- 가죽장갑은 중성세제를 브러시에 묻혀 더러운 부분을 두드려 준 후 마른 타월로 닦아준다

## 고어텍스

- 옷의 기능 유지
  - 야외 활동 시 묻었던 오염물질을 잘 닦아 통풍이 잘되는 곳에 보관
- 건조한 상태에서 보관
- 고어텍스 박리 방지
  - 옷걸이에 걸어서 구김이 없도록 보관
- 발수 효과(방수기능 강화)
  - 세탁 후 젖은 상태에서 전용 발수 스프레이 사용
  - 잦은 세탁 시 기능 저하

# Chapter 11

# 화장대 정리

## 화장품 사용기한 확인

### [화장품 사용기한]

| 품목 | 사용기한 |
|---|---|
| 클렌저 | 12개월~18개월 |
| 스킨 / 토너 / 로션 | 12개월 이내 |
| 에센스 / 세럼 | 12개월 이내 |
| 자외선 차단제 | 12개월 이내(6개월 이내 사용 권장) |
| 파운데이션 / 스킨 커버 | 12개월 이내 |
| 파우더 / 팩트 | 24개월 이내 |
| 아이라이너 / 마스카라 | 6개월~12개월 이내 |
| 아이섀도우 / 블러셔 | 12개월 이내 |
| 틴트 / 립글로스 / 립스틱 | 6개월~12개월 이내 |
| 마스크 시트 | 개봉 후 즉시 사용 |

## 화장품 유통기한 확인법 1

■ 제조일자
MFD(Manufactured)
예) M24092022
▶ 2022년 09월 24일

■ 유통기한 만료일
EXP(EXPiry date)
예) EXP 0924
▶ 2022년 09월까지 사용 가능

■ 사용 권장기한
BBE(Best Before End dates)
예) BBE0922
▶ 2022년 09월까지 사용 가능

■ 개봉 후 만료일
M(Month)
예) 6M / 12M / 24M
▶ 개봉 후 6개월 / 12개월 / 24개월 동안 사용 가능

## 화장품 유통기한 확인법 2

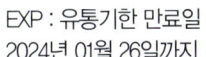

EXP : 유통기한 만료일
2024년 01월 26일까지

MFD : 제조일
2021년 07월 09일 제조
EXP : 유통기한 만료일
2024년 07월 08일까지

M : 개봉 후 사용기간

## 화장대 정리 순서

| | |
|---|---|
| ① 물건 꺼내기 | 새 상품과 사용중인 화장품 분류 |
| ② 배출 | 유통기한이 지난 화장품 배출 |
| ③ 사용자별 나누기 | |
| ④ 양 파악하기 | |
| ⑤ 레이아웃 정하기 | |
| ⑥ 수납도구 정하기 | 화장대 서랍의 가로·세로·높이 확인 |
| ⑦ 수납하기 | 세로 수납·눕히기 |
| ⑧ 라벨링 | 개봉일·유통기한 표시 |

# 화장품 정리 노하우

- 유통기간 확인 후 사용할 것만 남기기
- 사용자별로 분류
- 화장품의 양을 파악하고 넣을 공간 정하기(레이아웃)
    - 자주 사용하는 것은 화장대 위, 작은 소품은 서랍에 보관
- 종류별로 분류
    - 기초화장품·메이크업 제품·네일 제품·샘플·헤어 관련 등
- 문구 정리대·바구니·상자 등을 사용하거나 서랍 사이즈에 맞는 전용 정리함 등을 사용
    - 작은 것일수록 집을 만들면 찾기 쉽고 유지하기 용이(예 : 립스틱 상자에 립스틱 넣기)
    - 공간을 나누면 쉽게 정리 가능
- 계단식으로 진열하면 한눈에 들어와 사용하기 편리
- 라벨링(개봉일/사용기한 표시)

## Before

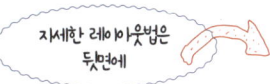
자세한 레이아웃법은 뒷면에

## After

## 레이아웃(사용자별·종류별)

향수

자주 사용하는 것

자주 사용하는 순

❶ 아내 사용 서랍

③

④

⑤

자주 사용하는 것

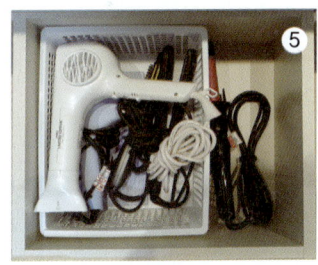

보관용
(자주 사용하지 않는 것)

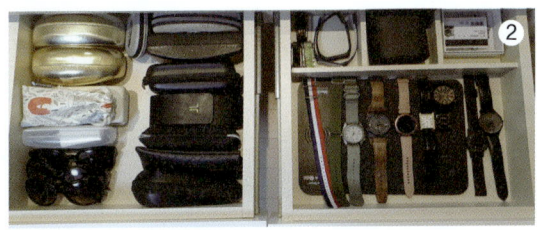

chapter 11 화장대 정리

## 레이아웃

## 서랍 1(Before → After)

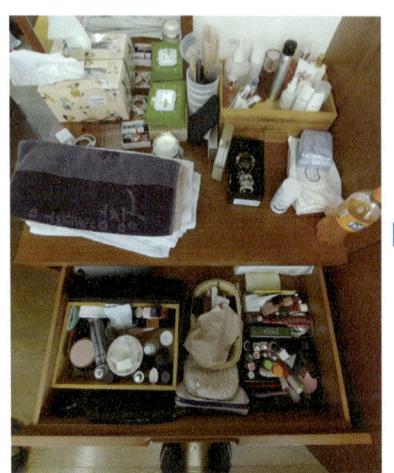
▲ 정리 전

▲ 색조화장품・솜・티슈

▶ 위에서부터 마사지 관련, 네일 관련, 통장 및 지갑 관련 용품

## 서랍 2(Before → After)

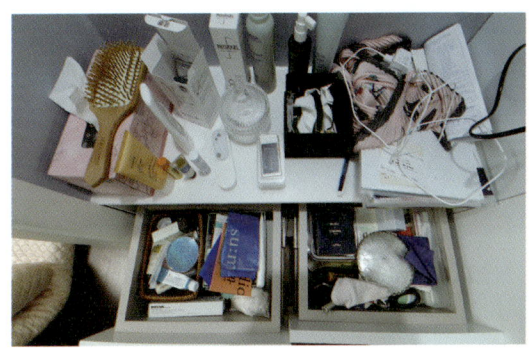

## 서랍(After)

한두 번 사용 후 버리는 제품

▲ 서랍 깊이가 낮은 경우 눕혀서 수납

매일 사용

▲ 세로 수납의 원칙을 최대한 적용(헤어용품도 수납)

## 선반 활용 1 (사용 빈도별 위치 정하기)

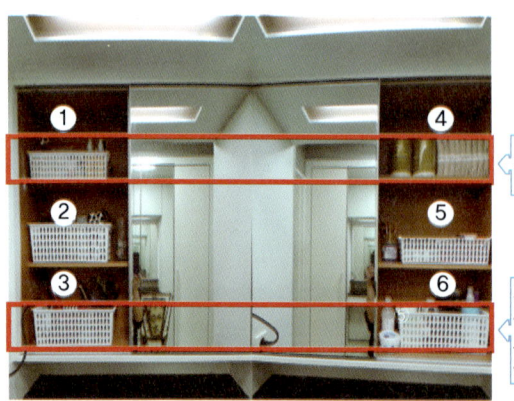

▲ 가끔 사용하는 것은 위 칸에 수납 자주 사용하는 것은 아래 칸에 수납

①보관용 헤어용품
②헤어용품
③드라이기/빗
⑦액세서리
④보관용 위생용품
⑤가끔 사용하는 용품
⑥자주 사용하는 용품
⑧헤어 소품

## 선반 활용 2 (종류별 자리 정하기)

▲ 향수    ▲ 화장품    ▲ 액세서리    ▲ 향수·헤어 관련

**Tip** 선반이 여유가 있을 때는 칸별로 종류를 나누어 수납

## 하부장

▲ 화장품 새 상품 · 위생용품 · 보관용 헤어용품 · 욕실용품 · 파우치 · 서류 등을 보관

## 드레스룸 화장대

앰플 · 샘플

기초

바디 · 헤어

## 화장대가 아닌 곳을 활용 1

▲ 드레스룸 아일랜드장 활용
- 생활 동선을 고려한 위치 선정

▲ 이동식 트롤리 활용
- 위치를 정하지 않고 사용 가능(생활 동선이 거실)

## 화장대가 아닌 곳을 활용 2

- 책장의 화장품을 5단 서랍장의 위 칸에 수납
- 한눈에 보이도록 구획을 나누어 세로 수납
- 책장은 헤어용품 새 화장품 수납

## 책상 활용

망가진 화장대 배출 후 책상 선반과 서랍을 활용해 화장품 수납

①액세서리
②매일 사용(기초)
③헤어용품
④헤어 제품
⑤보관용(새 제품 등)
⑥⑦책상서랍 활용

[책상서랍 활용]

## 건식 세면 화장대

①보관용 : 곧 사용할 새 상품
②보관용 : 작은 제품(색조·립스틱 등)
③현재 사용 중 : 기초화장품 등
④키순으로

chapter 11　화장대 정리

## 화장대 서랍 활용 노하우

- 작은 소품은 서랍에 보관
- 사용자별·종류별로 분류
- 문구 정리대·바구니·상자 등을 사용하거나 서랍 사이즈에 맞는 전용 정리함 등을 사용
  - 작은 것일수록 집을 만들면 찾기 쉽고 유지하기 편리
  - 공간을 나누면 쉽게 정리 가능
- 서랍을 여닫을 때 움직이지 않도록 집을 만들어 수납
- 세로 수납을 원칙으로 정리
- 낮은 서랍은 칸을 나누어 눕혀서 수납
- 보관용·메이크업 제품·네일 제품·샘플·헤어용품·패션 액세서리 등은 서랍에 수납

### 서랍 활용

[다양한 수납도구 활용 참고]

▲ 칸막이 서랍 안에서도 용도에 맞게 집을 만들어 수납

▲ 낮은 액세서리 수납용품 쌓기 수납 가능

▲ 속옷 정리함을 활용

▲ 상자 활용

## 서랍 활용(사용자별 분류)

[다양한 수납도구 활용 참고]

▲ 남편 소품(시계케이스 뚜껑 제거 후 사용)

## 서랍 활용 1(종류별)

[다양한 수납도구 활용 참고]

> **Tip** 로션 샘플을 뒤집어서 수납하면 구분하기 쉽고 쓰기 편리함

chapter 11 화장대 정리

## 서랍 활용 2(종류별)

[다양한 수납도구 활용 참고]

## 서랍 활용 3(종류별)

[다양한 수납도구 활용 참고]

▲ 칸막이 나무상자 활용

▲ 헤어용품도 구획을 나누어 종류별로 수납

▲ 보관용 액세서리와 엉킬 수 있는 액세서리는 미니 지퍼백에 보관

## 서랍 활용 4(종류별)

[다양한 수납도구 활용 참고]

## 서랍 활용 5(새 상품)

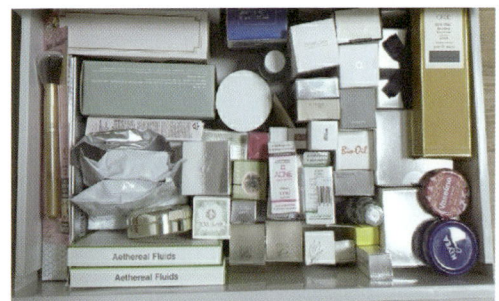

# Chapter 12

# 욕실 정리

## 욕실 정리 노하우

- 습기에 강한 수납용품을 활용하여 용도별·종류별로 수납
- 용도가 같은 물건은 색상별로 수납
- 소모품은 필요한 양만 수납(생리대·휴지 등)
- 세면대 위에는 최소한의 물건만 수납
- 욕실용품은 같은 색깔로 통일
  - 깨끗이 정리된 느낌과 공간이 넓어 보이는 효과
  - 좁은 공간일수록 흰색 용품으로 통일 권장
- 샴푸·린스 등 목욕용품은 1개씩만 꺼내어 수납
- 청소용품이나 스펀지는 바닥에 놓지 않기
  - 수납도구를 이용하거나 걸기 등
- 다양한 후크 사용
- 여분의 물품은 2~3개 정도만 구입
- 내용물이 조금 남은 것부터 사용하기
- 욕실용품은 욕실에 수납

### 수건 접는 방법

▲ 호텔식 접기

▲ 3단 접기

▲ 사우나식 접기

## 욕실 1(상부장)

▲ 목욕세제는 1개씩만 수납

보관용품(여행용 파우치 · 새 상품 등)

가끔 사용하는 용품

매일 사용하는 용품(기초화장품 등)

매일 사용하는 용품(칫솔 등)

## 욕실 2(상부장)

 →

◀ 자주 사용하지 않는 용품
(여행용품 · 새 상품 등)

> **Tip** 여행용 파우치는 파우치 그대로 수납

◀ 욕실장은 앞뒤 폭이 좁기 때문에 치약이나 칫솔 등을 세로 수납했을 때 잘 쏟아지므로 수납할 물건의 ½ 이상의 높이가 되는 수납도구를 사용

◀ 투명한 수납도구를 사용 시
– 내용물 파악이 용이

## 욕실 3(상부장)

- 욕실용품은 욕실에 수납
- 사용 빈도가 많을수록 아래쪽에 수납
- 습기에 강한 수납용품을 사용하여 용도별·종류별로 구획을 나누어 수납
- 현재 사용하는 세면용품·목욕용품은 1개씩만 꺼내어 수납

## 욕실 4(상부장)

◀ 여성용품은 수납도구를 이용하여 사이즈별로 평소 사용량의 20% 정도 여유 있게 수납

◀ 자주 사용하는 용품은 아래 칸에 수납

◀ 아이들도 꺼낼 수 있도록 여분의 롤 휴지를 아래 위로 수납

(좌)　　　　　　　(우)

## 욕실 5(상부장)

(좌)

(우)

◀ 같은 수납도구(바구니)로 통일해서 수납 욕실용품의 색깔을 통일해서 수납

- 좌 : 세면 시 필요한 용품
- 우 : 화장품 관련 · 헤어 관련 · 샘플 등

## 욕실 6(상부장)

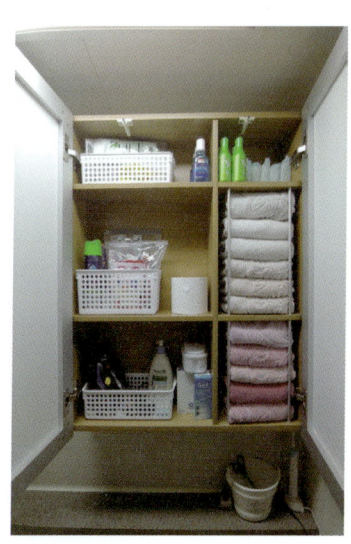

◀ 수납도구(바구니) 통일
- 작은 여행용품(샘플 등)이나 면도날 같은 위생용품은 지퍼백을 이용하여 수납
- 수건의 색깔이 다를 경우 그라데이션으로 수납

 **Tip** 욕실은 자잘한 물건이 많고 협소한 공간이므로 많은 공간을 차지하는 수건은 통일해서 사용하는것이 좋음 예) 흰색 수건

세로 수납을 원칙으로 하지만 높이의 제한이 있을 경우 바구니 안에서 눕혀서 수납 ▶

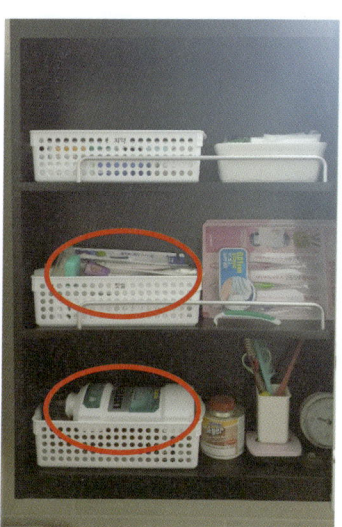

chapter 12 욕실 정리 **177**

## 욕실 7(상부장)

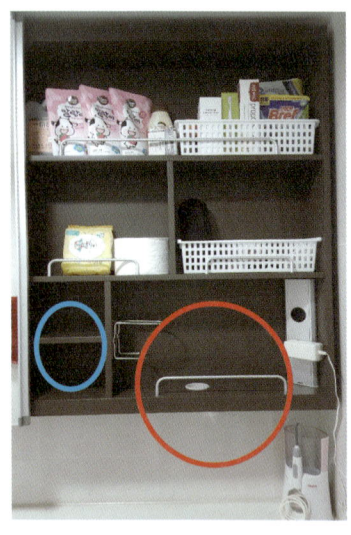

각티슈는 뽑아 쓰기 편하게 칸막이 안쪽으로 세로 수납(데드 스페이스를 줄임) ▶

◀ 클렌징 제품·위생용품 등

◀ 각티슈 또는 화장지를 뽑아 쓸 수 있도록 설계된 상부장

## 욕실 8(상부장)

(좌)　　　　　(우)

- 동선을 고려한 수납
- 같은 통 안(좌우)의 수납도구의 색상 통일
- 수건의 색상을 그라데이션으로 수납
- 좌측은 현재 자주 사용하는 용품을 수납
- 우측은 보관하는 용품을 수납

이곳에 수납해야 할 물품은 무엇일까요?

## 욕실 9(상부장)

- 습기에 약한 여분의 물품을 수납
  - 휴지・수건・생리대 등
- 동선을 고려한 수납
- 세면대 위쪽으로 최소한의 용품 수납
- 아이도 수건을 꺼내기 쉽도록 수납
- 수납도구(바구니) 활용 세로 수납
- 자잘한 물건은 수납도구(바구니) 안에서도 구획을 나누어 집을 만들어 수납

 **Tip** 치약 케이스를 수납도구 높이보다 낮게 잘라서 사용(윗면・아래면 사용 가능)

## 욕실 10(상부장)

- 자잘한 물건은 수납도구(바구니) 안에서도 구획을 나누어 집을 만들어 수납

▲ 매일 사용하는 남편 용품
(면도용품・폼 등)

▲ 페트병을 활용(세로 수납)

▲ 페트병을 활용
(바구니 안에서 구획 나누기)

chapter 12　욕실 정리

## 건식욕실(상부장)

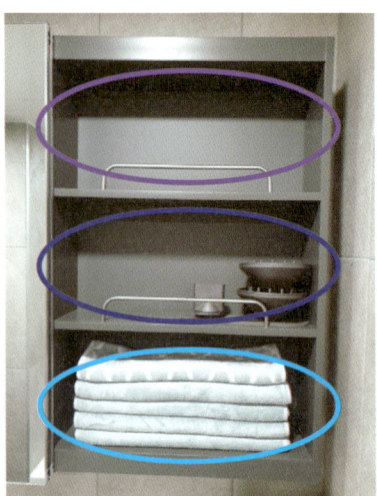

- 습기에 약한 휴지나 자주 사용하는 물건 위주로 수납
- 화장대로 사용하는 경우 상부장의 구획을 용도별로 나누어 수납
  - 기초화장품 관련 • 새 상품 • 목욕 관련 • 세면 관련 • 화장실 소모품 관련으로 분류

## 욕실(상부장)

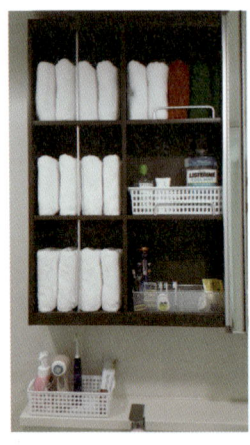

## 욕실(상부장)_여자

 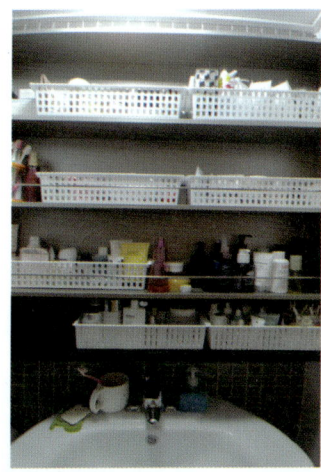 

- 화장품 샘플과 작은 소모품들은 높이가 낮은 수납도구(바구니)를 이용하여 세로 수납
- 매일 사용하는 기초화장품·클렌징 제품·바디로션은 아래쪽에 꺼내기 쉬운 곳에 수납
- 작은 용품이나 위쪽에 보관하는 것들은 수납도구(바구니) 필수 – 바구니째 확인 가능

## 욕실(상부장)_남자

- 매일 사용하는 것은 아래쪽 선반에 수납
  – 기초화장품·클렌징 제품·면도용품·드라이기 등

## 욕실(하부장)

- 상부장과 하부장에 들어갈 물건 분류
- 하부장에는 습기에 강한 것 수납하기
- 청소도구·세제·목욕용품 등 부피가 큰 것

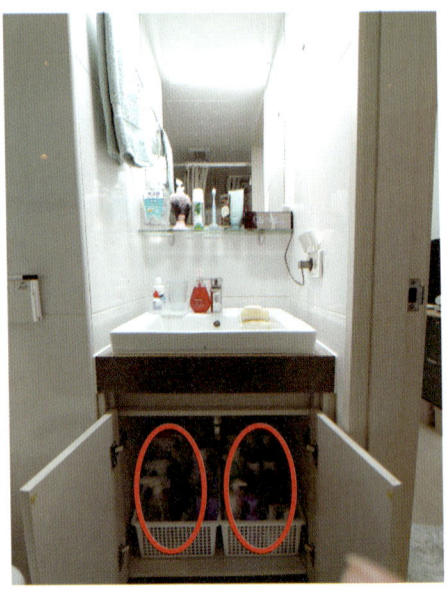

▲ 청소용 세제·목욕용품

▲ 보관용 세면용품·목욕용품 수납

## 건식욕실(하부장)

- 습기에 크게 영향을 받지 않은 물품을 보관
  - 화장대로 사용할 경우 하부장의 구획을 용도별로 나누어 수납
    ① 청소용품·세제·목욕용품 등 부피가 큰 것
    ② 화장품·새 상품·헤어 관련 용품·드라이기·바디용품 등
  - 매일 사용하는 기초화장품과 클렌징 제품은 같은 수납도구에 수납
  - 세면대 위에 올려놓고 사용 후 넣기에 편리

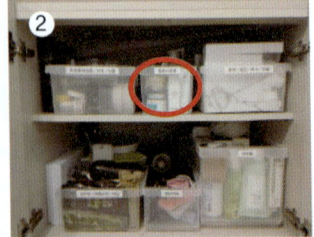

## 건식욕실

[남편존]
남편 화장품·헤어 제품·면도용품을 한 곳에 수납

[헤어존]
자주 사용하는 빗·드라이기·헤어 제품을 한 곳에 수납

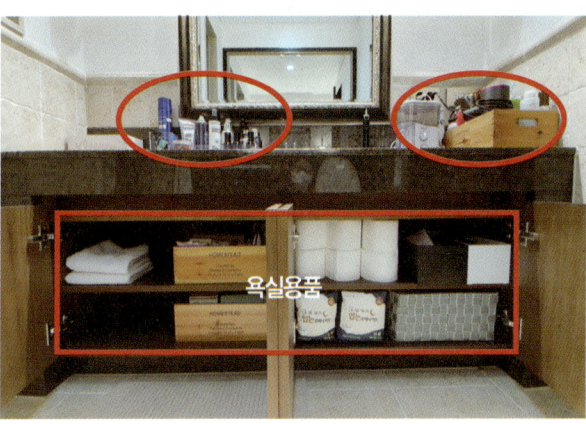

욕실용품

## 샤워부스 or 세면대

■ 매일 사용하는 용품
- 샴푸·린스·바디워시·수건·비누·치약·칫솔 등은 보이는 곳에 수납(편리성)
- 세면대 위나 샤워실 선반 위에는 최소한의 용품만 수납(1개씩만 수납)
- 내용물이 조금 남은 것부터 사용하기

◀ 샤워타월과 때타월은 사용 후 걸어서 건조(벽에 닿지 않게 걸기)

▲ 샤워실

▲ 세면대

chapter 12 욕실 정리 **183**

## 욕실장이 부족한 경우

- 바구니를 이용하여 수건을 정리하여 선반에 수납
- 욕실 가까운 수납장에 수납

> **Tip** 욕실 청소도구
> 마른걸레 • 고무장갑 • 바닥솔 • 스퀴지 등 S자 고리를 이용하여 걸기 청소 후 물기가 남는 청소도구는 S자 고리에 걸어서 보관

## 수건걸이 활용

▲ 청소용품이나 스펀지는 바닥에 놓지 않는다(수건걸이와 S자고리를 사용하여 수납)

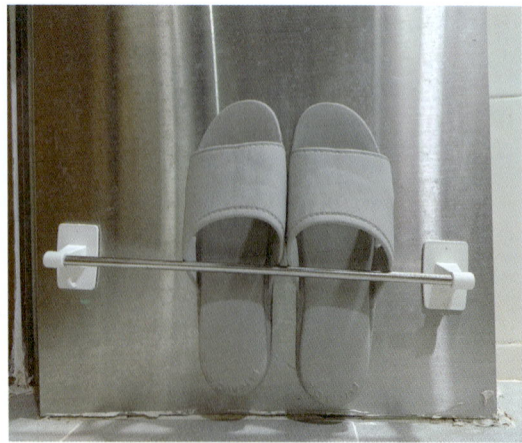

▲ 욕실화 수납

## 샤워부스

- 샤워를 하고 부스에 튄 거품을 씻어낸 후 스퀴지를 사용하여 물기를 제거
- 유통기한이 지난 샴푸나 바스 제품 사용
  - 단백질과 물때 제거에 효과적

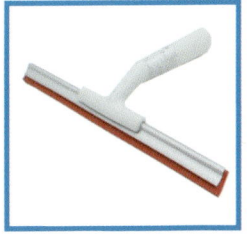

**Tip** 욕실 사용 후 스퀴지 사용만 잘 해도 욕실 청소 할 때마다 벽이나 욕조를 청소하지 않아도 됨

## 구연산 사용법

구연산
- 소주컵으로 1개

300ml 따뜻한 물(40~50℃) 정도
- 종이컵으로 2개

스퀴지

매직블록

▲ 녹인 구연산을 샤워부스 유리에 잘 발라준다 - 10~15분 유지

chapter 12 욕실 정리 **185**

# Chapter 13

# 냉장고 정리

## 냉장고가 꽉 차는 이유

- 시댁과 친정에서 음식을 보내서
- 원플러스원 할 때마다 구입해서(사은품 포함)
- 무엇이 있는지 몰라서
- 필요할 것 같아서 구입
- 냉장고 수납 방법을 몰라서
- 식품 구입 후 그대로 넣어 두어서
- 음식물 버리는 것에 죄책감이 들고 아까워서

### 냉장고 정리 순서

| ① 꺼내고 버리기 | 유통기한 확인하면서 꺼내기<br>오래된 반찬·필요 없는 것들 버리기 |
|---|---|
| ② 분류하기 | 용도별·종류별로 분류<br>현재 먹는 것·보관할 것·나누어 줄 것 |
| ③ 청소하기 | 새 상품과 사용중인 화장품 분류 |
| ④ 레이아웃 정리하기 | 물건의 양을 파악(구획 나누기) |
| ⑤ 수납 방법 정하기 | 쌓기·세로·수납·수납도구 활용 |
| ⑥ 라벨링 | |

## 식재료 보관 방법

| 식재료 | 보관방법 |
|---|---|
| 꿀 | 냉장이 아닌 실온에 두어야 좀 더 오래 보관하며 먹을 수 있음 |
| 빵 | 냉장이 아닌 냉동실에 보관하고, 꺼내서 전자레인지에 1~3분 돌리면 촉촉한 식감이 살아남 |
| 바나나 | 냉장할 경우 갈변 현상이 생김 |
| 사과 · 배 | 2주까지 실온 보관 가능 |
| 양파 | 건조하고 시원한 실온에 보관 |
| 감자 | 어두운 실온에 보관해야 맛이 좋음 |
| 토마토 | 실온에 보관, 냉장에 보관할 경우 토마토의 맛과 향이 감소하고 껍질이 질겨지는 현상이 나타남 |

## 식품기한 표기제도

- **유통기한**: 제품의 제조일로부터 소비자에게 유통 및 판매가 허용되는 기한
- **소비기한**: 식품 등에 표시된 보관 방법을 준수할 경우 섭취해도 안전에 이상이 없는 기한, 소비자가 섭취 가능한 기한
- **변질**: 제품의 제조일로부터 소비자에게 유통 및 판매가 허용되는 기한

[유통기한과 소비기한의 차이]

소비기한(섭취 가능 기간)
유통기한(판매 가능 기간)

제조 — 최적 품질 유지 — 시장성(일정 품질) 유지 — 안전(섭취 가능) — 변질

**유통기한 = 판매기한**
※ 소비자에게 판매가 허용된 기한

**소비기한 = 유효기한**
※ 섭취 가능한 기한

## 식품별 유통기한과 소비기한

| 종류별 | 유통기한 | 소비기한 |
|---|---|---|
| 과자 | 45일 | 81일 |
| 두부 | 17일 | 23일 |
| 빵류 | 20일 | 31일 |
| 소시지 | 39일 | 56일 |
| 어묵 | 29일 | 42일 |
| 영·유아동 이유식 | 30일 | 46일 |
| 햄 | 38일 | 57일 |

## 일반 쓰레기 · 음식물 쓰레기 구분법

음식물 쓰레기는 가공 후 퇴비, 바이오 연료, 가축의 사료 등으로 쓰입니다. 그러므로 **일반 쓰레기와 음식물 쓰레기를 구분하는 가장 쉬운 방법**은 **가축의 사료로 사용 가능 여부**를 생각해 보면 알 수 있습니다.

**채소의 마른 껍질과 뿌리**
양파, 파, 마늘 등 채소의 마른 껍질과 뿌리에는 가축의 소화능력을 떨어뜨리는 성분이 있어 일반쓰레기로 배출

**과일류**
복숭아, 살구, 감, 체리, 망고 등 핵과류의 크고 딱딱한 씨앗과 파인애플, 코코넛 등의 딱딱한 껍질은 일반쓰레기로 배출

**견과류**
호두, 밤, 땅콩 등 견과류의 껍질은 일반쓰레기로 배출

**육류**
소나 돼지, 닭 등의 털과 뼈다귀, 비계, 내장 역시 일반쓰레기로 배출

**알 껍질**
달걀, 오리알, 메추리알 등의 껍데기는 일반쓰레기로 배출

**어패류**
홍합, 조개, 소라, 전복, 꼬막, 멍게, 굴 등의 껍데기와 생선의 내장*은 일반쓰레기로 배출

*생선 내장은 포화지방산이 많아 사료로 쓸 수 없음

**찌꺼기 등**
일회용 티백, 한약재, 커피 등의 찌꺼기는 일반쓰레기로 배출

**장류**
고추장, 된장 등의 장류는 염분이 많아 가축의 사료로 사용할 수 없으므로 일반쓰레기로 배출

**소금기가 있는 음식**
김치와 같이 소금기가 있는 음식은 물에 헹구어 소금기를 덜어내면 음식물쓰레기 그렇지 않다면 일반쓰레기로 배출

## 일반 쓰레기 · 음식물 쓰레기 구분법

출처 : 식품안전나라

▲ 귤, 바나나, 사과 등의 껍질과 딸기, 토마토 등의 꼭지는 상대적으로 부드러워 가축이 먹을 수 있기 때문에 음식물 쓰레기로 배출합니다

## 냉장고의 변천사

▲ 단문형 냉장고

▲ 단문형 냉장고

▲ 2도어 냉장고

▲ 4도어 냉장고

## 2020년 이후 트렌드

▲ 냉장고

▲ 냉동고

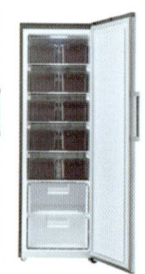
▲ 김치냉장고

## 단문형 냉장고(기본 가이드)

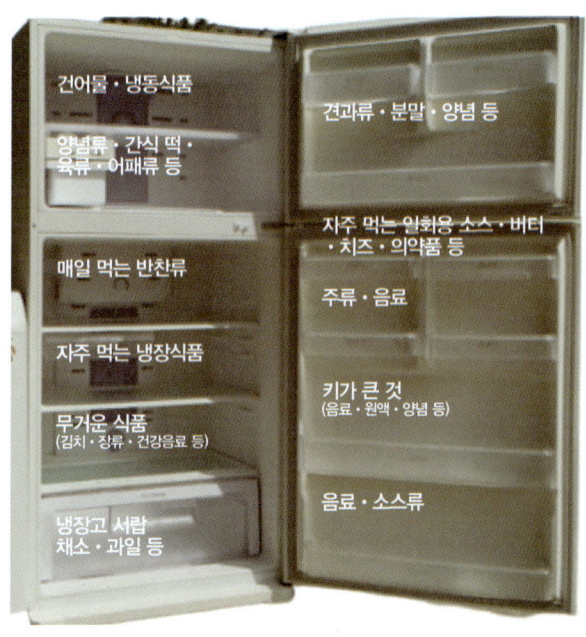

## 2도어 냉장고(기본 가이드)

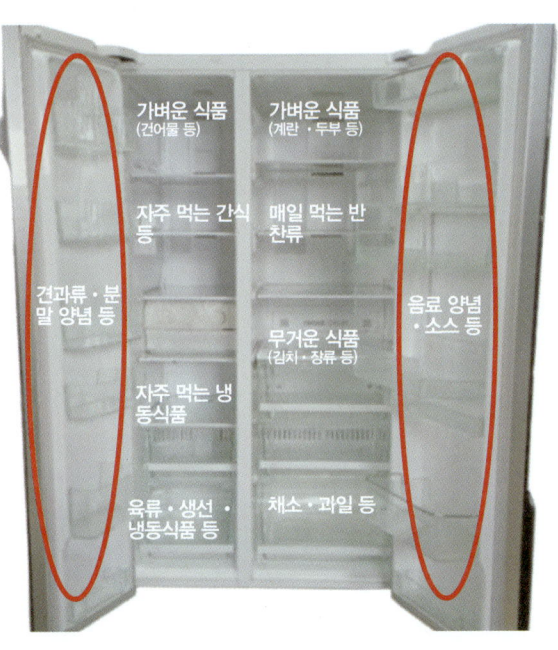

## 4도어 냉장고 (기본 가이드)

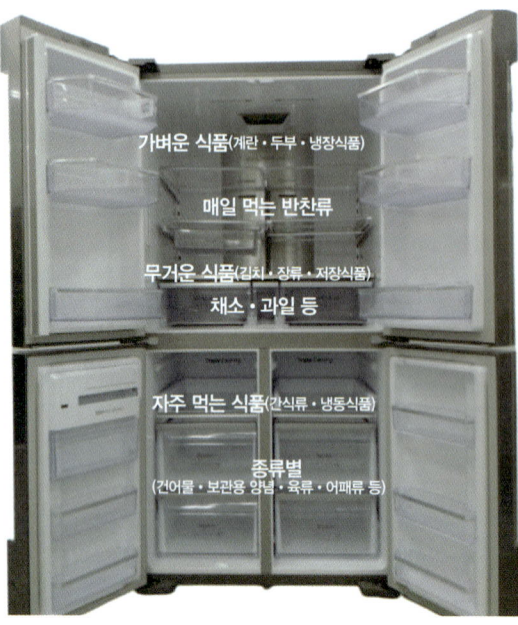

◀ 냉장실 문
음료 · 소스 · 양념류 등

◀ 냉동고 문
견과류 · 양념류 · 간식류 등

## 수납도구 선택 시 노하우

- 수납할 공간과 수납도구의 사이즈를 확인한다
  - 냉장고의 깊이 · 높이 · 폭
- 수납도구의 표시된 사이즈와 ±0.5 정도의 오차를 생각하여야 한다
- 내용물을 쉽게 확인할 수 있는 것(투명 · 반투명 등)
- 밀폐력이 좋은 것(냄새 · 습도)
- 냉기 전달이 잘 될 수 있는 것
- 공간 사용이 효율적인 것

## 수납도구 (선반)

◀ 창신리빙의 냉장고 수납도구 활용 예

- 판매처
  - 창신리빙
  - 다이소
  - 한샘
  - 실리쿡 등

출처 : 창신리빙

## 수납도구 (냉장고 문)

[2도어 냉장고 문짝 수납]

◀ 창신리빙(적층 가능)   실리쿡 ▶

chapter 13  냉장고 정리

# 냉장고 지도 1

▲ 마그보드 고무자석 보드

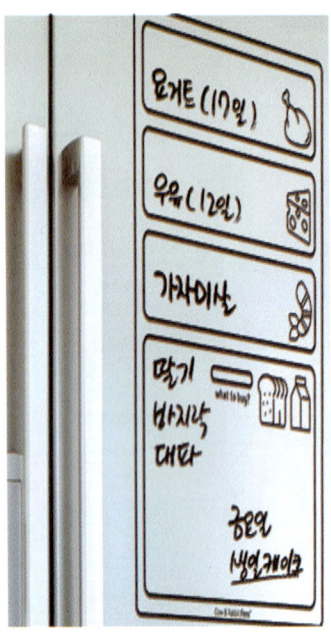

▲ 시트지 타입·투명메모 보드

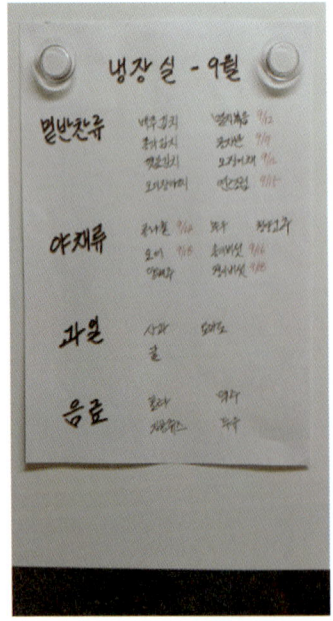

▲ 복사지

◀ 냉장고 속에 남아 있는 식재료의 양과 종류를 파악
 – 제품을 구입한 날짜를 표기하여 보관
 – 먼저 구매한 식재료를 먼저 사용(선입선출)
 – 종이를 코팅·복사지·투명파일 등을 사용

## 냉장고 지도 2

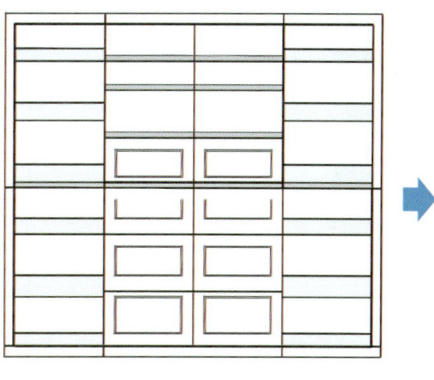  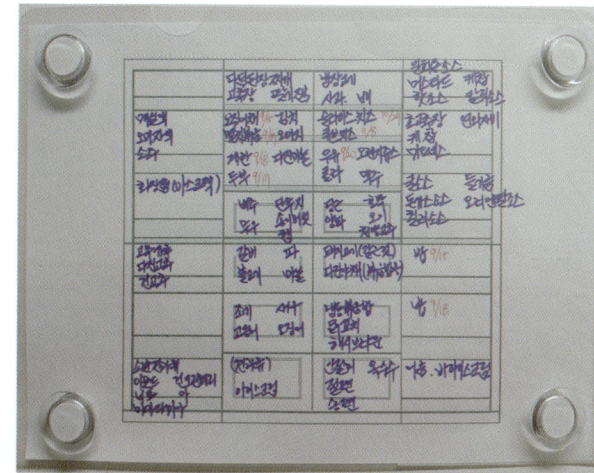

▲ 투명파일 활용

> **Tip** 투명파일 위에 마커펜으로 작성 후 지울 때 마커 지우개로 지우고 재사용

## 냉장고 분류하기

[분류하기]

- 식탁 위나 싱크대 상판 공간이 부족할 때는 바닥에 깨끗한 깔개를 사용
- 냉장고에서 물건을 꺼낼 때 바구니 등에 종류별로 분류
- 식품의 종류에 따라 위생장갑을 바꾸어 사용 (교차오염 방지)

## 냉장고 청소하기

[청소하기]

물 : 베이킹 소다 : 주방세제 : 식초

1 : 1 : 1 : 0.5

- ①물 → ②베이킹 소다 → ③주방세제 → ④식초
- 식초를 넣을 때는 여러 번 나누어 넣는다 (화학반응)
- 계량컵이 없다면 소주컵이나 숟가락을 기준으로 사용

> **Tip** 만능 물티슈 만들기
> 냉장고에 찌든 때가 없다면 위에서처럼 만든 것을 물티슈에 부어서 사용

## 단문형 냉동실(Before)

[냉동실 문제점]
- 장을 본 후 정리 과정 없이 무조건 냉장고 보관
- 소분하지 않고 대용량으로 냉동 보관
- 식품을 종류별로 구획을 나누지 않고 넣어 안쪽의 물건을 알 수가 없음

## 단문형 냉동실(After)

[냉동실 정리 노하우]

- 온도 유지(-18℃~-23℃)
- 수납도구를 활용하여 구획 나누기
  - 용도별・종류별・사용 빈도별
- 구멍난 수납도구를 사용하여 냉기 전달이 잘 되도록 수납
- 찾기 쉽고 한눈에 볼 수 있도록 세로 수납
- 1인분이나 1회 사용량씩 소분해 수납
- 자주 꺼내는 것은 꺼내기 쉬운 곳에 수납
- 꽉 채우는 것이 전력 소비를 줄일 수 있다

## 단문형 냉동실 문짝(After)

[냉동실 문짝 정리 노하우]

- 수납도구를 이용하여 공간 활용
  - 냉동실문의 포켓 사이즈와 수납 가능한 높이 확인
  - 밀폐력 좋은 것(습기・냄새)
  - 투명한 용기
  - 분리와 결합이 불편하지 않은 것
  - 냉동실 전용 수납용품 사용
- 온도에 민감하지 않은 것을 수납
  - 견과류・건어물・가루 양념류 등

**Tip** 냉동실에는 연질의 우유통 활용 아이들이 자주 먹는 아이스크림은 쉽게 꺼낼 수 있도록 문짝에 수납(키즈존)

## 냉동실 수납 방법

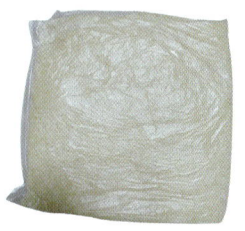  

▲ 슬라이딩 지퍼백·위생백에 담기  ▲ 쟁반 활용해서 냉동  ▲ 냉동고에서 세로 수납하기

  사용 시 살짝 녹인 후 1회 사용분만큼 잘라 밀폐용기에 보관하거나 슬라이딩 지퍼백에 보관 ▶

◀ 수납용품을 이용해 1회 사용분씩 소분하여 냉동

## 냉동고(After)

◀ 얼리는 곳

◀ 자주 먹는 간식이나 국 등

◀ 자주 먹는 냉동식품(만두·곰탕 등)

◀ 자주 먹는 식품(멸치·해산물 등)

◀ 보관용(양념 등)

◀ 보관용(양념 등)

◀ 보관용(양념 등)

## 단문형 냉장고(Before → After)

[냉장실의 문제점]
- 장을 본 후 그대로 보관
  - 검정 비닐·손질 안된 채소 등
- 다양한 보관 용기를 사용
- 냉장실에 넣지 말아야 할 것도 보관
- 식품의 내용물을 정확하게 알 수 없음
- 구획이 나누어져 있지 않고 모두 섞여 내용물을 찾기 어려움

[냉장실 정리의 노하우]
- 냉장실에 물품을 넣을 때마다 조금씩 자주 정리
- 냉기 순환을 고려하여 전체 용량의 70~80%만 수납
- 종류별·사용 빈도별로 수납
- 투명용기를 사용하여 보이는 수납
- 용기를 통일
  - 공간 활용이 좋은 용기 (사각 용기)
  - 설거지가 편한 용기 (원형 용기)
- 수납도구를 활용하여 꺼내기 쉽게 수납
- 냉기 전달이 좋은 수납용품 사용
- 세로 수납을 활용하여 찾기 쉽고 꺼내기 쉽게 수납

## 페트병 활용

- 액체·가루 양념류(페트병 통일)
- 냉동고 문짝에 멸치 등을 수납(세로 수납)

마스킹 테이프를 이용한 방법 ▶

◀ 라이터를 이용한 방법
페트병을 원하는 높이만큼 자른 후 절단 부위를 라이터로 살짝 그을려서 사용

[수납 노하우]

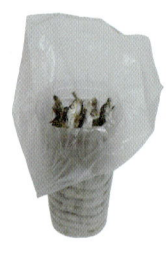     

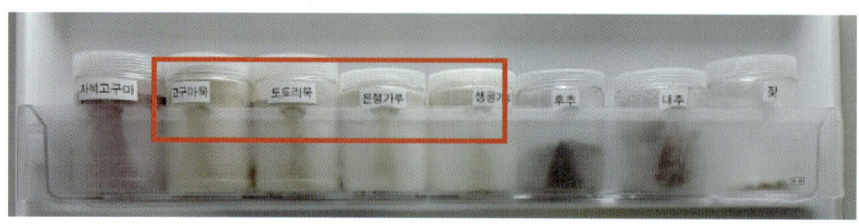

- 가루 양념들은 색상이 비슷하기 때문에 수납 시 라벨링

## 2도어 냉장고(Before → After)

- 종류별·사용 빈도별로 수납
  - 매일 먹는 것은 꺼내기 쉬운 선반에 수납
  - 냉장실의 문짝
    자주 먹는 음료수류·소스류 양념 등을 수납
  - 냉동실의 문짝
    가루 종류를 용기에 통일(라벨링)
- 수납도구를 통일시켜 수납
- 세로 수납

## 2도어 냉장고(After)

- 종류별·사용 빈도별로 수납
  - 매일 먹는 건강식품 등은 꺼내기 쉬운 곳에 수납(핑거존)
  - 유산균·버터·마가린 등은 신선칸에 수납

> **Tip** 신선칸은 가까운 시일 내로 먹을 육류나 어패류 등을 보관. 마늘과 같은 양념을 소분 보관

  - 무거운 장류 등은 채소·과일칸 위쪽 선반에 수납
  - 냉장실은 되도록이면 꽉 채우지 않기(전력 소비·냉기 전달)
  - 냉장실의 문짝
    자주 먹는 음료류·견과류·소스류 등을 수납
  - 냉동실
    ①종류별로 바구니로 구획을 나누어 수납(냉동식품·건어물·간식 등)
    ②공간 활용도에 따라 수납도구의 사용 유·무를 결정
    ③이중 수납(앞쪽에 바구니를 사용·뒤쪽은 자주 먹지 않는 식품)
- 수납도구를 통일시켜 수납
- 세로 수납

## 4도어 냉장실 1 (Before → After)

- 가끔 먹는 장아찌류 등
- 소스 · 양념 등
- 음료 · 기타 원액 등
- 냉장식품 등
- 매일 먹는 반찬
- 건강식품 등
- 장류 등
- 과일 등
- 채소 등
- 가끔 먹는 치즈 · 일회용 소스류 등
- 쨈 등
- 자주 먹는 음료 · 양념류 등

## 4도어 냉장실 2 (Before → After)

- 가끔 먹는 소스류
- 음료 외 술 등
- 자주 이용하는 소스 · 양념류 등
- 간식 · 식품 · 팩
- 반찬류
- 건강식품
- 과일 등
- 채소 등
- 쨈 · 의약품 등
- 쨈 · 오일류 등
- 매일 마시는 음료 등

## 4도어 냉동실(After)

## 4도어 냉장고(After)

- 용도별·종류별·사용 빈도별로 수납
  - 매일 먹는 반찬류·건강식품을 꺼내기 쉬운 곳에 수납(핑거존)
  - 무거운 장류 등은 야채칸 위쪽 선반에 수납
  - 냉장실의 문짝(동선 고려)
    자주 먹는 음료수류·소스류·양념·보관용 쨈 등을 수납
    자주 먹는 토스트 관련·간식 등을 동선이 편한 곳에 수납
    (키즈존)
  - 냉동실
    ①종류별로 구획을 나누어 수납(냉동식품·건어물·간식 등)
    ②공간 활용도에 따라 수납도구의 사용 유무를 결정
    ③먹는 빈도가 많을수록 앞쪽으로 수납
    ④유리 제품을 사용하지 않는다(파손)
- 수납도구를 활용하여 세로로 수납

## 사례(After)

## 페트병 깔때기

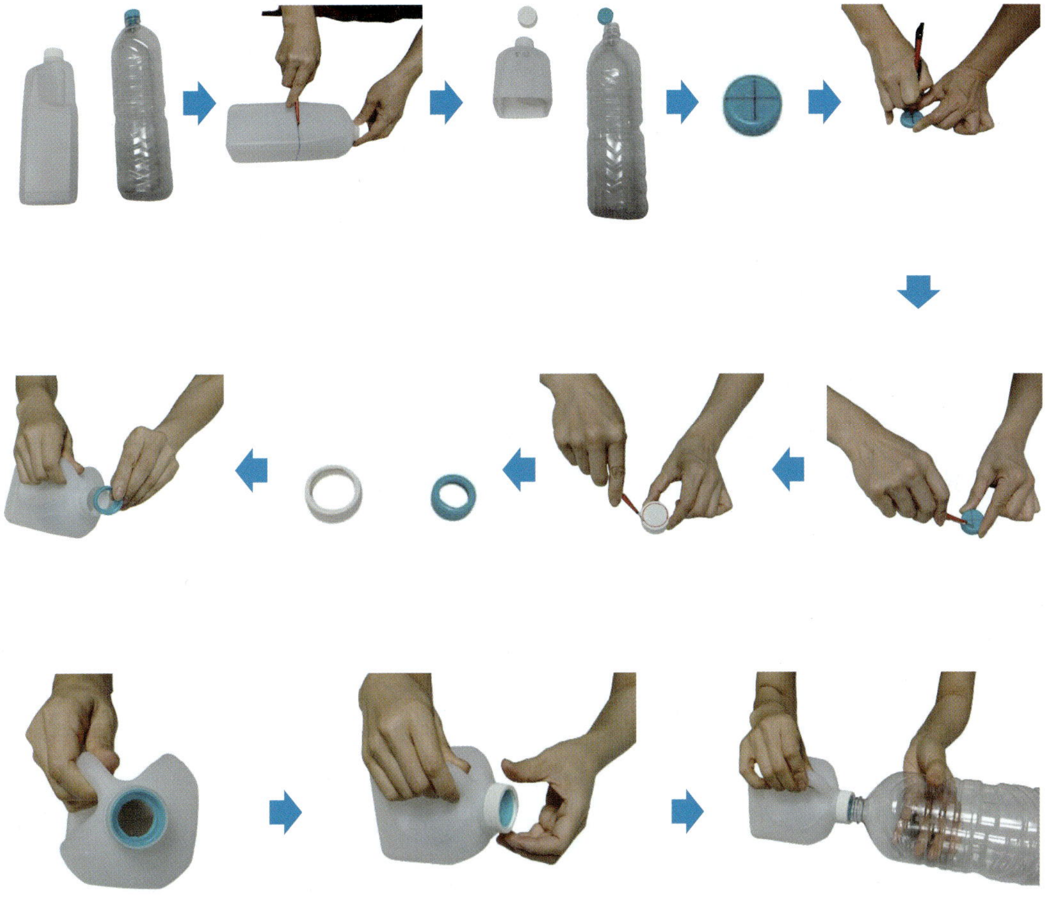

> **Tip** 잡곡·쌀·양념 등 알이 굵거나 많은 양일 때 편하게 이용

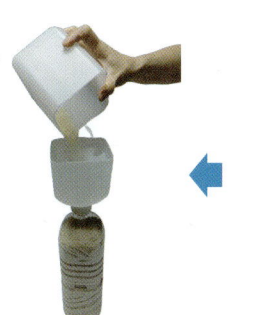

chapter 13 냉장고 정리

## 3도어(양문)형 냉장고

▲ 냉장고 속의 냉장고
(전력 소모 47% 절감)

[LG 매직스페이스 / 삼성 푸드쇼케이스]

- 냉장고 문을 여닫을 때 냉기 유실을 차단
- 신선도 유지
- 절전 효과
- 사용 빈도가 높은 것 수납
- 어린아이도 열기 쉬워서 음료나 간식류를 수납(키즈존)
- 공간을 효율적으로 활용

**Tip** 냉장고 커튼
냉기 차단으로 신선도 유지 및 전기료 절약

출처 : 그린나래리빙

냉장고 칸의 사이즈에 맞추어 시트를 자른 후 시트에 칼집을 낸다

부착면의 먼지와 습기를 제거

시트를 냉장고에 부착

## 빌트인 냉장고 1(After)

▲ 보관용(김치 · 장류 · 양념류 등)

- 일반 냉장고들은 주방 가운데로 튀어나와 있어 공간만큼 주방을 활용하지 못함
- 심미적 · 기능적으로도 효율적이지 못함
- 단점을 보완하여 싱크대의 앞뒤 폭 600mm에 맞춘 냉장고를 서브 냉장고로 사용할 경우 식품 용도별 · 사용 빈도별로 저장칸을 분리해서 쓸 수 있다

▲ 자주 먹는 음료와 간식류 등

## 빌트인 냉장고 2(Before → After)

◀ 용도 정하기(사용 빈도가 높은 식품 수납)
- 속이 깊지 않은 빌트인 냉장고를 음료 및 간식용 냉장고로 활용

chapter 13 냉장고 정리

## 수납 노하우

▲ 서브 냉장고
- 사용 빈도가 높은 반찬 수
  (빌트인 냉장고)

▲ 바구니 활용
- 샌드위치 관련 · 장류

▲ 수납도구 활용(쟁반 활용)
- 사용 빈도가 높은 반찬 수납

## 발상의 전환(고정관념)

▲ 밀폐용기 뚜껑을 활용하여 보관

> **Tip** 밀폐용기는 내용물이 보이는 것을 사용하는 것이 좋다

## 냉장고 관리법

- 냉장고 문 꽉 닫기
- 식품을 너무 많이 넣지 않기
- 주기적으로 청소하기
- 따뜻한 음식물 넣지 않기
- 식품은 밀폐용기나 위생백에 넣어 보관하기
- 성에의 두께가 1cm 이상 되면 차가운 공기가 식품에 전달되지 않으므로 자주 제거해 주기
- 성에 제거 시 주걱같이 날카롭지 않은 도구로 제거하거나 분무기에 뜨거운 물을 넣어 뿌려 준 다음 녹으면 마른 수건으로 물기를 제거하기

### 김치냉장고에 성에가 생기는 이유

▲ 음식이 식은 다음에 넣기
뜨거운 음식은 식으면서 수증기가 생기는데 이 수증기가 김치냉장고의 차가운 공기와 만나면 성에가 생긴다

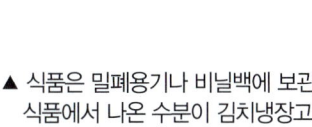

▲ 식품은 밀폐용기나 비닐백에 보관
식품에서 나온 수분이 김치냉장고의 냉기와 만나 성에가 생긴다

▲ 김치냉장고 문을 완전히 닫기
김치냉장고 문이 꽉 닫히지 않으면 바깥 공기 속 수분이 냉기와 만나 성에가 생긴다

▶ 오랜 시간 정전이 되었거나 전원을 꺼 두었다면 전원이 나가 있는 동안 따뜻해졌던 공기가 다시 냉각되면서 온도 차이 때문에 공기속 수분이 성에가 된다

출처 : LG전자 서비스

## 김치냉장고 성에 제거 방법

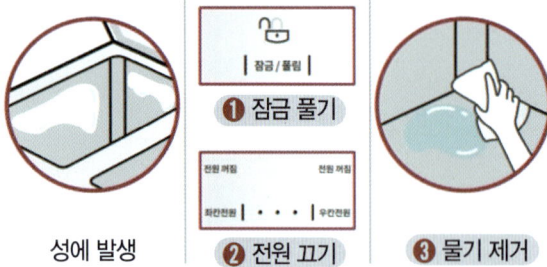

[뚜껑식 김치냉장고의 성에 녹이기]

①표시창(제어창)의 [잠금 / 풀림] 버튼을 3초 이상 눌러 잠금을 풀어 주세요
②성에가 있는 칸의 [전원] 버튼을 3초 이상 눌러 전원을 꺼 주세요
③성에가 녹기를 기다렸다가 칸 안의 물기를 수건으로 닦아내 주세요
④성에를 제거한 다음에는 [전원] 버튼을 3초 이상 눌러 전원을 켜고 사용해 주세요

출처 : LG전자 서비스

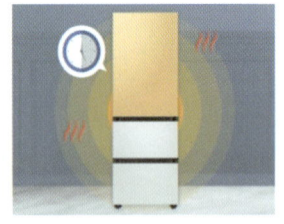

■ 스탠드형 김치냉장고는 일정 주기로 녹여 주는 자동제거 기능이 있어 성에가 과도하게 누적되지 않습니다

■ 서랍이 덜 닫혀 성에, 얼음벽이 두꺼워진 경우 서랍을 완전히 닫고 2~3일 사용하면 제거될 수 있습니다

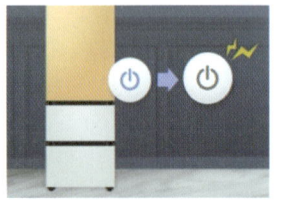

■ 강제로 녹이는 방법은 보관중인 음식을 꺼낸 후 성에를 녹여야 하는 칸의 전원을 끄면 자연스럽게 녹게 됩니다

※성에가 녹으면 물기를 닦은 후 전원을 켜 주세요

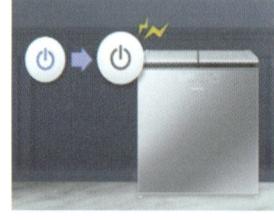

■ 보관중인 음식을 꺼낸 후 성에를 녹여야 하는 칸의 전원을 끄면 자연스럽게 녹게 됩니다

※성에가 녹으면 물기를 닦은 후 전원을 켜 주세요

출처 : 삼성전자 서비스

## 김치냉장고(After)

◀ 김치냉장고 수납 노하우
- 원활한 냉기 순환을 위해서는 김치가 비워지더라도 빈 김치통을 넣어 수납
- 빈 김치통을 사용하여 보관용 식품을 넣을 것을 권장(정온 작용) 예) 곡물 · 과일 · 채소 · 고춧가루 · 건어물 · 건강식품 · 음료 등
- 지퍼백 · 페트병 · 수납도구 등을 이용하여 세로 수납
- 동선을 고려하여 수납
- 라벨링 필수

## 서랍 1

## 서랍 2

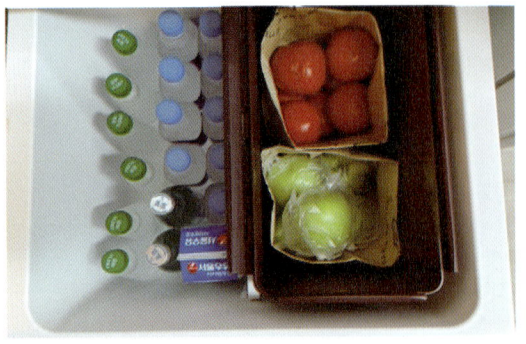 

▲ 종류별로 구획을 나눌 때 수납도구를 사용하는 것보다 쇼핑백을 활용하여 구획을 나누면 데드 스페이스를 줄일 수 있고 오염 시 바로 배출이 가능

## 서랍 3

▲ 뿌리채소나 야채 등을 보관할 때는 자라는 모양(위·아래)으로 보관

> **Tip** 흙당근 보관 : 박스를 열어 습기를 말린 뒤 흙을 제거 후 키친타월에 싸서 냉장 보관
> 세척 당근 보관 : 세척한 당근은 물기 없이 잘 닦아서 지퍼백·밀폐용기에 보관

## 서랍 4

▲ 자주 먹는 야채나 과일은 슬라이딩 지퍼백·위생백 사용

## 에틸렌 가스

▲ 사과 보관법
- 사과를 다른 과일과 함께 보관할 경우 에틸렌 가스로 인하여 다른 과일이 빠르게 상할 수 있음
  – 사과를 보관 시에는 소분해서 지퍼백이나 위생백에 1회 먹을 양을 소분해서 수납
- 배는 에틸렌 가스에 민감하기 때문에 사과와 따로 보관

> **Tip** 감자의 경우 사과의 에틸렌 가스가 발아를 막아 주기 때문에 사과와 같이 두면 오래 보관할 수 있음

## 쇼핑백 접기

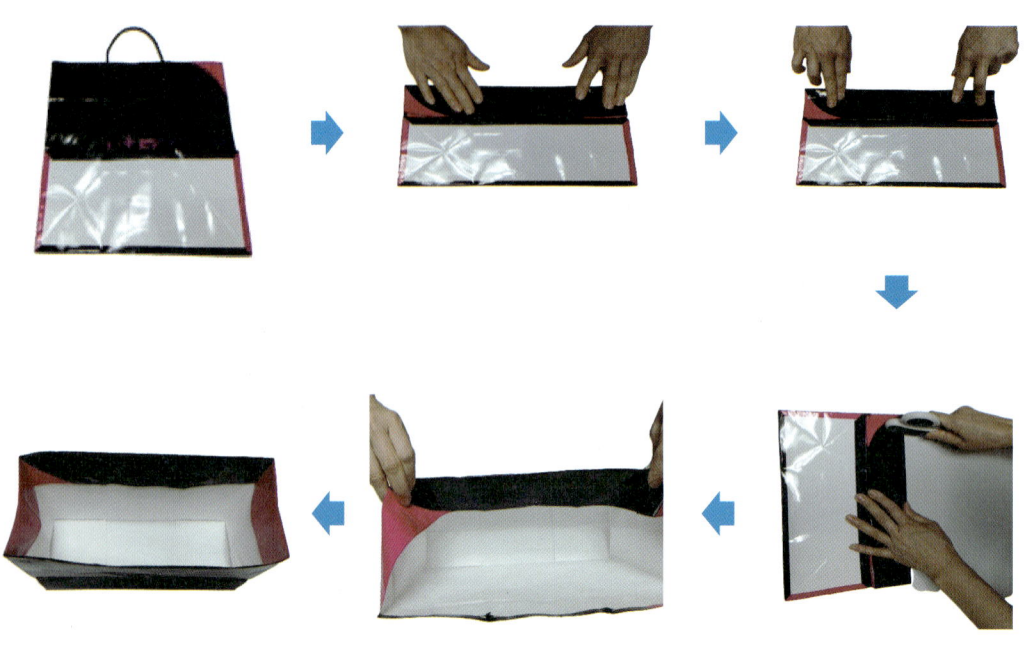

## 페트병 머리 부분 활용

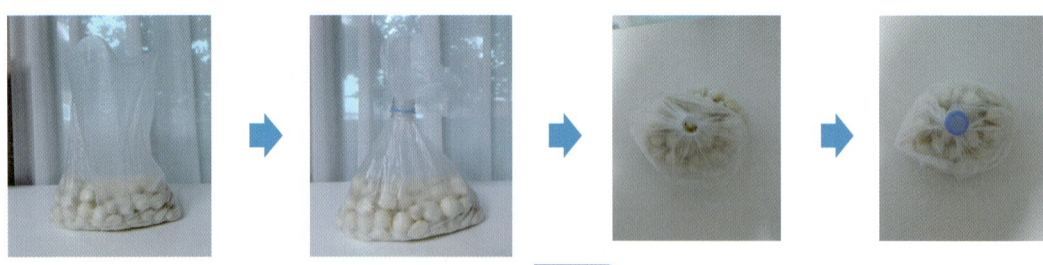

> **Tip** 콩나물 보관 시
> 손질 후 물과 함께 넣어 주면 좀 더 오래 보관 가능

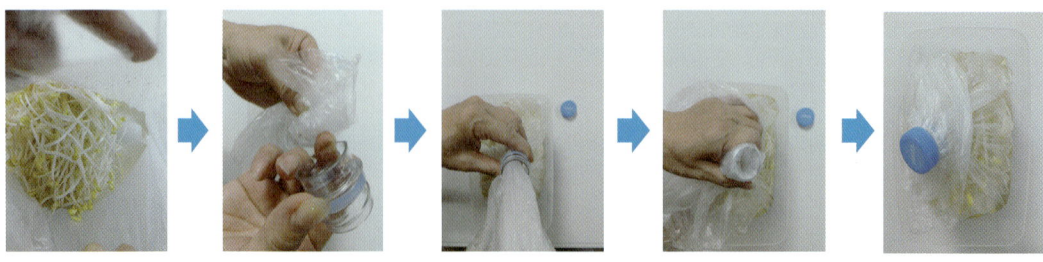

## 양파 보관법

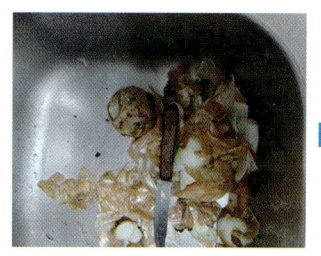  

  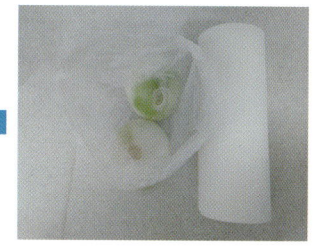

## 대파 보관법

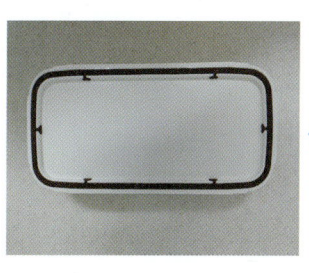  

## 채소 양념 보관법

## 소분

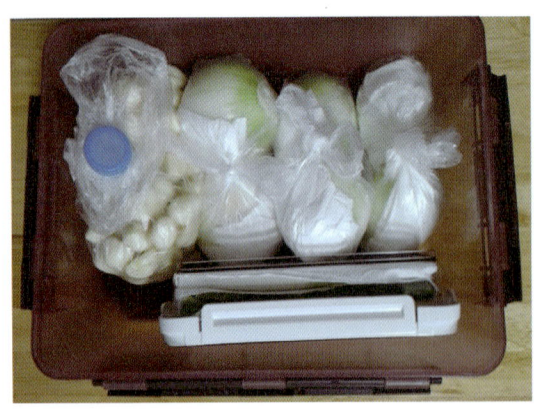

▲ 보관용

▲ 현재 자주 사용하는 것(소분)

# Chapter 14

# 주방 정리

## 주방 정리 1

## 주방 정리 2

## 주방(Before)

## 주방 문제점

- 주방의 크기에 비해 살림의 양이 많다
- 자주 사용하는 것・가끔 사용하는 것・버릴 것・보관할 것이 모두 섞여 있다
- 싱크대 위에 많은 물건들이 올려져 있어 조리할 공간이 없다
- 살림의 양에 비해 주방이 좁다
- 양념이나 조리도구들이 여러 개 있다
- 서랍・선반에 상관 없이 물건들이 수납되어 있다
- 물건을 찾기가 쉽지 않다
- 동선을 고려하지 않았다

# 주방 정리 노하우

- 종류별 분류
- 자주 사용하는 것·가끔 사용하는 것·버릴 것·보관할 것
  - 용도별로 분류
    - 키 큰 장(펜트리)·다용도실·베란다·창고 등 활용
- 개수대· 조리대·가열대의 동선을 생각하며 레이아웃을 결정
- 종류별(끼리끼리)로 같은 장 안에 수납
- 상부장·하부장·서랍장에서 편리한 곳에 현재 사용하고 있는 적당한 양의 살림도구만 수납
- 가끔 사용하는 물건 등은 보조 공간에 수납
- 적절한 수납용품 활용
- 주방은 가족 모두가 사용하는 공간이므로 보이는 수납을 원칙으로 함(라벨링)

## 용도별 분류

## 주방(After)

## 주방 정리 순서

| ① 물건 꺼내기 | 종류별(끼리끼리)<br>예) 주방가전 · 식기류 · 밀폐용기 · 컵 · 텀블러 등 |
| --- | --- |
| ② 분류하기 | 자주 사용하는 것 · 가끔 사용하는 것 · 버릴 것 · 보관할 것 |
| ③ 레이아웃 정하기 | 물건의 양을 파악<br>식기류 · 밀폐용기 · 컵 · 주방가전 |
| ④ 수납 방법 정하기 | 쌓기 · 세로 수납 · 수납도구 활용 |
| ⑤ 수납 하기 | 상부장 · 하부장 · 서랍장 |
| ⑥ 라벨링 | |

## 주방의 형태

출처 : https://blog.naver.com/moon15341

## 레이아웃 1(사용 빈도별)

출처 : https://blog.naver.com/moon15341

## 레이아웃 2(종류별)

출처 : https://blog.naver.com/moon15341

## 레이아웃 3(사용 빈도별)

출처 : https://blog.naver.com/moon15341

## 상부장 레이아웃(Before → After)

▲ 조리대

▲ 개수대

▲ 정수기

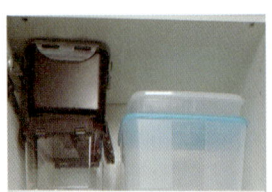

▲ 조리 후 밀폐용기에 담을 수 있도록 수납

▲ 매일 사용하는 식기는 설거지 후 바로 수납할 수 있도록 개수대 위에 수납

▲ 정수기 물을 바로 마실 수 있도록 컵 수납

## 상부장 레이아웃(After)

▲ 조리대   ▲ 가열대

◀ 개수대에서 자주 사용하는 볼·쌀·야채 탈수기 등

## 상부장 1(Before → After)

chapter 14  주방 정리

## 상부장 2(Before → After)

## 상부장 1(After)

## 상부장 2(After)

## 상부장 3(After)

## 상부장 1(컵)

- 컵을 종류별로 구분
- 사용 빈도별로 선반 레이아웃 결정

- 키순으로 수납
- 편의점식 세로 수납

## 상부장 2(컵)

자주 사용하는 순

## 상부장 3(컵)

▲ 자주 사용하는 와인잔과 안주접시를 꺼내기 쉽게 한 곳에 수납

▲ 자주 사용하는 찻잔을 수납

## 상부장 4(컵)

▲ 자주 사용하는 머그잔을 상부장 아래 수납

▲ 자주 사용하는 유리잔을 상부장 아래 수납

> **Tip** 종류별・사용 빈도별로 구분

## 상부장 5(컵)

▲ 찻잔 받침은 쌓기 수납 가능한 키순으로 정렬

## 상부장 6(컵)

▲ 컵을 꺼내기 쉽게 손잡이를 45° 방향으로 수납    ▲ 색깔을 맞추어 주거나 세트별로 수납

## 상부장 1(아이 용품)

▲ 아이가 어릴 경우 아이 용품 공간을 따로 만들어준다(키즈존)

## 상부장 2(아이 용품)

▲ 아이가 우유와 이유식을 먹는 경우
- 젖병용품과 이유식 관련 용품은 분류해서 바구니 수납 라벨 필수

▲ 아이가 어린이집을 다니는 경우
- 도시락·수저·물통 등 종류별로(끼리끼리) 수납
- 수납도구 사용으로 한 번에 꺼낼 수 있게 수납

chapter 14 주방 정리 **235**

## 상부장(종류별·사용 빈도별·사용자별)

▲ 언더선반
- 선반 사이의 공간에 여유가 있을 때 사용
- 밑면이 넓거나 가벼운 물건 수납 예) 수저 케이스, 플라스틱 접시

▲ 컵 가까이에 차·건강식품 바구니에 수납(종류별) 라벨 필수

▲ 텀블러를 바구니 수납 시 바구니의 높이는 텀블러 길이의 ½ 이상이어야 한다

## 상부장(식기류)_플립장

## 상부장(식기류)_2단 플립장

[다양한 수납도구 활용 참고]

▲ 높은 곳에 작은 물건을 수납할 때 바구니 사용

▲ 확장형 선반　　　　　　▲ 접시 스탠드

> **Tip** 접시 스탠드 사용 시에는 큰 접시는 벽 쪽으로 붙여서 안정감 있게 사용

## 상부장 1(식기류)

[다양한 수납도구 활용 참고]

▲ 고정형 접시 선반

▲ 선반을 통일하여 사용하면 안정감을 준다

## 상부장 2(식기류)

[다양한 수납도구 활용 참고]

▲ 고정형 접시 선반

접시 스탠드 2개 사용

▲ 크기가 다른 접시를 수납 시 접시 스탠드를 사용
같은 크기의 접시는 쌓기 가능(원터치)

## 상부장 3(식기류)

[다양한 수납도구 활용 참고]

▲ 확장형 선반

▲ 기본 상부장 선반

## 상부장 4(식기류)

[다양한 수납도구 활용 참고]

▲ 크기가 다른 접시
한 칸에 2~3개 겹치기 가능

선반 높이 조절

▲ 접시가 커서 자리를 많이 차지하는 경우 세로 수납

## 상부장 5(식기류)

[다양한 수납도구 활용 참고]

▲ 코너장

▲ 쌓기가 가능한 고정형 선반

chapter 14  주방 정리

## 상부장 1(컵+식기류)

[다양한 수납도구 활용 참고]

▲ 선반을 활용하여 종류가 다른 컵을 수납

▲ 접시 선반

## 상부장 2(컵+식기류)

[다양한 수납도구 활용 참고]

▲ 쌓기 선반　　▲ 고정형 선반

- 접시는 종류별로 분류
- 사용 빈도별로 선반 레이아웃 결정
  - 자주 사용하는 접시는 한 번에 꺼낼 수 있도록 수납
- 수납용품을 사용할 때에는 수납할 물건의 양과 크기에 맞는 것을 사용

## 상부장 1(밀폐용기)

- 밀폐용기는 종류별로 구분
  - 유리 · 플라스틱 · 스텐 등
  - 사각 밀폐용기 · 원형 밀폐용기 등
- 사용 빈도별로 선반 레이아웃 결정
  - 자주 사용하는 밀폐용기는 한 번에 꺼낼 수 있도록 수납
  - 자주 사용하지 않는 큰 밀폐용기나 돌려주어야 할 밀폐용기는 위 칸에 수납

## 상부장 2(밀폐용기)

> 🔍 **Tip**
> 색상별 · 크기별로 수납

chapter 14 주방 정리 **241**

## 상부장 3(밀폐용기)

[다양한 수납도구 활용 참고]

◀ 겹쳐지는 플라스틱 밀폐용기가 많을 경우 뚜껑과 분리시켜 바구니 수납

소형 밀폐용기는 바구니 수납

> **Tip** 멜라닌이나 플라스틱 밀폐용기는 기간이 많이 될수록 환경 호르몬이 배출

## 상부장(응용)

▲ 수납공간 부족할 경우 선반마다 다른 종류 물건 수납

## 상부장 1(양념)

[다양한 수납도구 활용 참고]

- 양념은 자주 사용하는 것과 새 상품 보관용으로 분류
- 액체류와 분말류로 분류
- 선반 사용 시 수납할 양념의 종류에 따라 선반의 높이를 조정
- 수납용품을 활용할 때에는 수납할 양념의 양과 양념통의 크기에 맞는 것을 사용
- 자주 사용하는 것은 아래 칸에 보관
- 새 상품이나 보관용은 위 칸 사용
- 자주 사용하는 양념류는 한 바구니에 보관
- 액체류는 무겁기 때문에 작은 바구니 사용
- 액체 양념도 끼리끼리
  – 기름류 • 장류 • 당류 등

## 상부장 2(양념)

[다양한 수납도구 활용 참고]

▲ 앞쪽은 자주 사용하는 양념 수납. 뒤쪽은 보관 양념 수납(새 상품)

▲ 자주 사용하는 양념은 소분하여 한 바구니에 수납

▲ 가루 양념

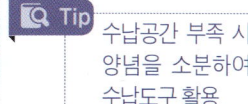

> **Tip**
> 수납공간 부족 시 양념을 소분하여 수납도구 활용

chapter 14 주방 정리

## 상부장 3(양념)

[다양한 수납도구 활용 참고]

> **Tip**
> - 작은 통의 양념을 구입하는 것이 좋다.
> - 후추 사용기간 확인 필요!(후추는 사용기간이 경과한 것이 많다)

## 상부장 1(차류+건강식품)

[다양한 수납도구 활용 참고]

- 차와 건강식품은 자주 먹는 것·가끔 먹는 것·새 상품으로 분류
- 수납할 차와 건강식품의 용도에 따라 바구니로 구획을 나누어 사용
- 자주 먹는 것은 아래 칸에 수납

## 상부장 2(차류+건강식품)

[다양한 수납도구 활용 참고]

▲ 차와 차 관련 용품 같이 수납

▲ 바구니·밀폐용기를 통일하여 수납
  ■ 안정감·깔끔함

## 상부장(커피 관련)

[다양한 수납도구 활용 참고]

◀ 매일 사용하는 커피용품은 꺼내기 쉬운 곳에 수납(오픈장)

◀ 매일 마시는 커피와 차류를 상부장에 보관
  싱크대 상판 위에 수납 선반을 이용하여 자주
  사용하는 컵과 커피 관련 용품을 수납

chapter 14  주방 정리  **245**

## 상부장 1(냉장고 위)

[다양한 수납도구 활용 참고]

▲ 자주 사용하지 않는 보관용 물건 수납
- 작은 물건일수록 바구니 사용
- 데드 스페이스가 적은 수납도구 사용
- 라벨 필수

## 상부장 2(냉장고 위)

[다양한 수납도구 활용 참고]

잘못된 수납(불편하고 위험)

▲ 큰 물건 세로 수납    ▲ 바구니 수납

▲ 쇼핑백 활용

## 하부장 레이아웃

[다양한 수납도구 활용 참고]

## 하부장 1(개수대 밑)

[다양한 수납도구 활용 참고]

▲ 다리 없는 부착형 싱크인 선반으로 이중 수납
 ■ 앞 : 자주 사용
 ■ 뒤 : 가끔 사용

▲ 부착형 싱크인 선반    ▲ 접이식 선반

## 하부장 2(개수대 밑)

[다양한 수납도구 활용 참고]

▲ 프라이팬 확장랙

▲ 싱크인 3단 선반

- 동선에 맞추어 가열대 주변에 프라이팬과 냄비 수납

## 하부장 3(개수대 밑)

[다양한 수납도구 활용 참고]

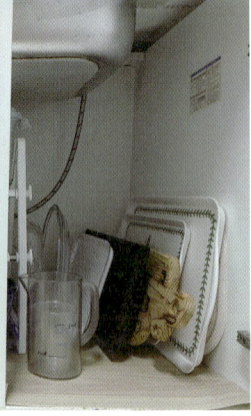

- 동선에 맞추어 개수대 주변에 볼·채반·곡물 등 수납
- 자리를 많이 차지하는 대형 대야·바구니 등 세로 수납

## 하부장 4(개수대 밑)

[다양한 수납도구 활용 참고]

▲ 싱크인 2단 선반

▲ 확장형 선반

▲ 키가 큰 쟁반·도마 등 바구니에 세워 벽 쪽에 수납

## 하부장 5(개수대 밑)

[다양한 수납도구 활용 참고]

▲ 싱크인 3단 선반

▲ 프라이팬 거치대(정리대)

chapter 14  주방 정리  **249**

## 하부장 6(개수대 밑)

[다양한 수납도구 활용 참고]

## 하부장 7(개수대 밑)

[다양한 수납도구 활용 참고]

▲ 공간이 비좁을 경우 볼도 세워 보관   ▲ 자주 사용시 후크 사용(부착 고리)

## 하부장 8(개수대 밑)

[다양한 수납도구 활용 참고]

▲ 수납장 부족 시 개수대 및 양념 수납　　　　▲ 개수대 밑에 곡물을 수납하면 동선이 짧아 좋음

## 하부장 9(개수대 밑)

[다양한 수납도구 활용 참고]

## 하부장 10(개수대 밑)

[다양한 수납도구 활용 참고]

▲ 개수대 하부장 공간이 협소한 경우

▲ 옆(근처) 하부장에 자주 사용하는 물건 수납
  예) 채반・볼・야채 탈수기 등

## 하부장(주방가전)_선반 높이 조절

◀ 관련 부품은 같은 공간에 바구니 수납

▲ 한 공간에 주방가전 수납

## 하부장_선반 높이 조절

▲ 아래쪽 프라이팬 수납 　　　　　　　▲ 위쪽 프라이팬 수납

■ 가장 큰 프라이팬의 높이보다 여유 있게 선반 높이 조절

## 하부장(선반 설치)

## 하부장 1(프라이팬)

[다양한 수납도구 활용 참고]

▲ 냄비 뚜껑 수납

▲ 프라이팬 옆에 키가 큰 물건 등을 수납
(도마・쟁반・테이블매트 등)

## 하부장 2(프라이팬)

[다양한 수납도구 활용 참고]

▲ 수납 바구니 두 개를 케이블타이로 연결

▲ 접시 선반을 눕혀 세로 수납

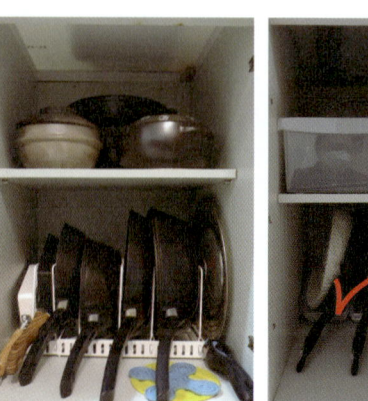

▲ 접시 스탠드 사용

## 하부장(선반_냄비)

▲ 무거운 냄비나 돌솥은 원터치로 꺼내기 쉽게 수납

▲ 쌓기 수납을 할 경우 위쪽에 자주 사용하는 것을 수납

## 하부장(코너장_냄비)

▲ 접이식 선반

◀ 자주 사용하는 물건은 선반을 사용하여 한 번에 꺼낼 수 있도록 수납(원터치)

쌓기 수납을 할 경우 위쪽에 ▶
자주 사용하는 것을 수납

chapter 14　주방 정리　**255**

## 하부장(Before → After 코너장_냄비)

▲ 코너 회전선반 : 가벼운 물건 수납
예) 채반 · 볼 · 주전자 등

## 하부장 1(드래그장_양념)

- 양념칸 폭에 맞는 수납도구 사용 시
  - 데드 스페이스가 줄어든다
  - 문 열고 닫을 때 흔들림이 적다
    수납도구 안에서도 구획을 나눠준다
    예) 칸막이 · 우유팩 · 상자 등

## 하부장 2(드래그장_양념)

↑ 키가 작은 양념은 위쪽 수납

↓ 키가 큰 양념은 아래쪽 수납

◀ 자주 사용하는 양념은 용기에 소분하여 수납

▲ 빈 공간이 있을 때는 흔들리지 않도록 상자에 넣어 수납
▲ 라벨은 보이는 위치에 부착

## 하부장 3(드래그장_양념)

[다양한 수납도구 활용 참고]

▲ 이동 트레이
(자주 사용하는 양념)

(좌)

(우)

▲ 기름류는 받침용기 사용
예) 상자·우유팩 등

> **Tip** 사용하지 않는 드래그 장
> - 페트병에 잡곡이나 쌀을 넣어 수납(동선)
> - 수납도구나 케이블타이를 이용하여 도마·쟁반·테이블 매트·텀블러·물병 등 키가 큰 용품 수납

chapter 14 주방 정리

## 하부장(선반_양념)

[다양한 수납도구 활용 참고]

> 🔍 **Tip** 자주 사용하는 양념은 한 바구니에 수납

## 하부장 1(Before → After)

[다양한 수납도구 활용 참고]

- 바구니를 활용하여 서랍처럼 사용
- 종류별 바구니 수납(구획 나누기)

## 하부장 2(Before → After)

[다양한 수납도구 활용 참고]

## 하부장(식기류)

[다양한 수납도구 활용 참고]

보관 ▶

▲ 자주 사용하는 것은 앞쪽으로 수납

## 하부장(식기류·아이 용품)

[다양한 수납도구 활용 참고]

▲ 상부장이 없는 경우
- 자주 사용하는 식기류 수납
- 자잘한 아이 용품을 바구니를 활용하여 서랍처럼 사용

▲ 파일박스를 눕혀서 사용

## 하부장(텀블러·병·조리도구)

[다양한 수납도구 활용 참고]

▲ 하부장에는 깊은 수납도구를 사용

## 하부장(차류·베이킹 관련)

[다양한 수납도구 활용 참고]

◀ 베이킹 용품은 한 공간에 모아 보관

## 하부장(코너장)

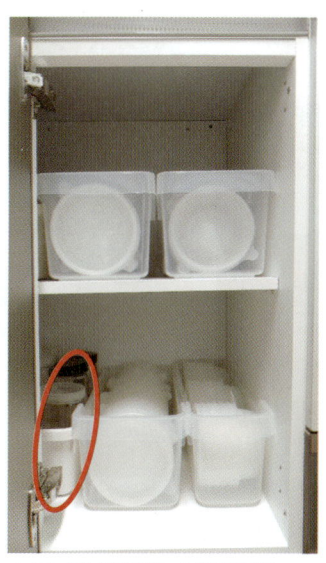

▲ 코너장 안쪽에는 보관용품을 바구니에 수납

▲ 라벨 필수(잘 보이는 곳)

## 하부장 1(식품)

[다양한 수납도구 활용 참고]

▲ 무거운 식품은 아래쪽에 수납

## 하부장 2(식품)

[다양한 수납도구 활용 참고]

> **Tip** 유통기간이 짧게 남은 제품은 앞쪽으로 수납(선입선출)

## 하부장(쌀통 · 에어프라이기)

▲ 에어프라이어 관련 용품은 같이 수납

◀ 여유 공간이 있을 때 쌀통을 넣어 줌(동선)

## 하부장(선반_잡곡)

[다양한 수납도구 활용 참고]

◀ 높이가 안될 경우 용기를 눕혀서 밑면이 보이도록 수납하면 라벨 없이도 쉽게 내용물 확인 가능

chapter 14  주방 정리  **263**

## 서랍 레이아웃

[다양한 수납도구 활용 참고]

## 서랍 1(밀폐용기)

[다양한 수납도구 활용 참고]

## 서랍 2(밀폐용기)

[다양한 수납도구 활용 참고]

◀ 작은 밀폐용기 바구니로 수납

▲ 뚜껑 따로 보관

◀ 깊은 서랍장 쌓기 수납

## 서랍(텀블러)

[다양한 수납도구 활용 참고]

▲ 깊은 서랍장 세로 수납

◀ 키 큰 텀블러는 눕혀서 수납

## 서랍 1(컵)

## 서랍 2(컵)

> **Tip** 서랍에 컵 보관 시 논슬립 매트를 깔아 줌

## 서랍 3(컵)

▲ 자주 쓰는 식기류는 사용하기 편한 서랍에 보관(바구니로 구획 나누기)

## 서랍 1(식기류)

▲ 크기 · 종류 · 색깔별로 수납
■ 논슬립 매트 사용(흔들림 최소화)

chapter 14  주방 정리

## 서랍 2(식기류)

▲ 수납도구 사용(세로 수납)

## 서랍 3(식기류)

## 서랍 4(식기류)

[다양한 수납도구 활용 참고]

▲ 접시 스탠드 사용시
- 크기별·종류별 수납
- 세로 수납
- 보관용

## 서랍(프라이팬)

[다양한 수납도구 활용 참고]

◀ 프라이팬 확장랙

## 서랍(냄비)

▲ 낮은 서랍

▲ 높은 서랍(쌓기 가능)

## 서랍 1(양념)

[다양한 수납도구 활용 참고]

Tip 위쪽에 라벨(시선이 보이는 위치)

## 서랍 2(양념)

[다양한 수납도구 활용 참고]

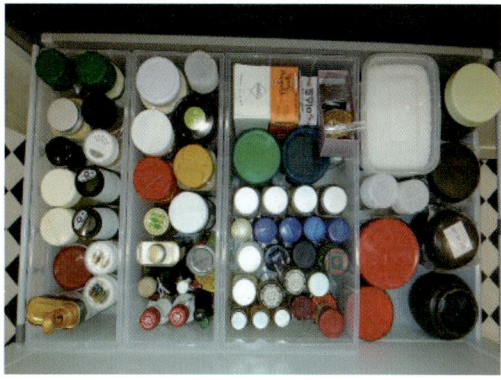

> **Tip** 바구니를 이용하여 구획 나누기

## 서랍 1(수저 트레이)

## 서랍 2(수저 트레이)

[다양한 수납도구 활용 참고]

▲ 구획을 나누어 수납(수납도구 활용)
- 바구니 · 박스 · 칸막이 · 칸칸이 · 수납박스 등
- 공간을 나누면 쉽게 정리 가능
- 서랍의 크기에 따라 수납도구 결정

## 서랍 3(수저 트레이)

[다양한 수납도구 활용 참고]

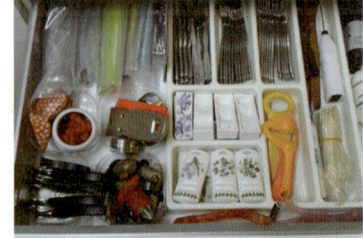

## 서랍 4(수저 트레이)

[다양한 수납도구 활용 참고]

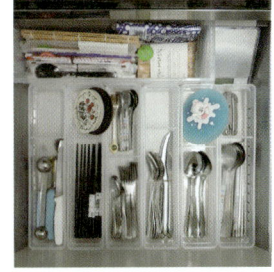

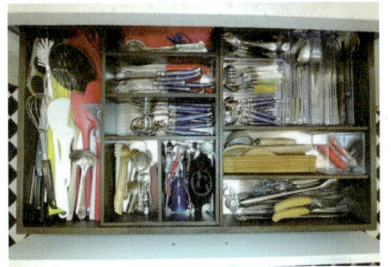

## 서랍 5(수저 트레이)

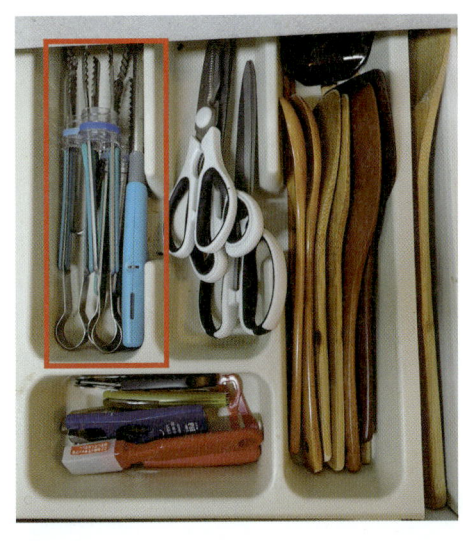

▲ 페트병 머리 부분

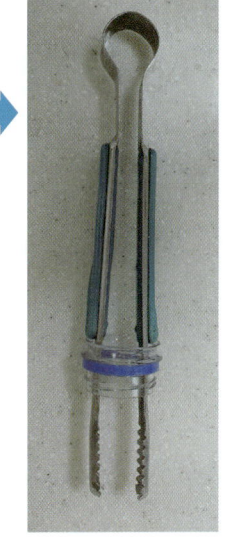

> 🔍 **Tip** 좁은 공간에 페트병 머리 부분을 이용하여 집게를 간단하게 정리

chapter 14 주방 정리

## 서랍 1(일회용품)

[다양한 수납도구 활용 참고]

▲ 비닐봉투 정리함
- 장점 : 공간 활용 · 깔끔함
- 단점 : 교체가 번거로움

 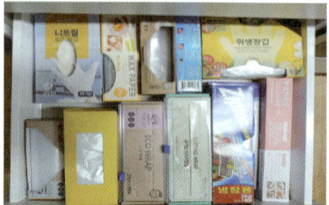

▲ 뚜껑을 잘라 줌(원터치)

## 서랍 2(일회용품)

[다양한 수납도구 활용 참고]

 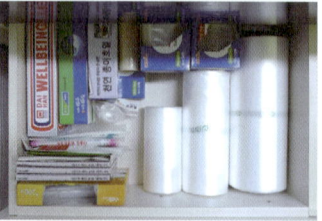 

▲ 연결 정리함
- 작은 물건 수납에 용이

▲ 수저트레이

좁고 깊은 수납장은 세로로 세워 뚜껑을 자름(원터치) ▶

## 서랍(주방 소모품)

[다양한 수납도구 활용 참고]

▲ 주방 소모품 종류별 세로 수납

## 서랍(차류)

▲ 수납도구 활용

▲ 제품상자 활용

 제품 상자를 그대로 사용(세로 수납)

## 서랍 1 (건강식품・의약품)

[다양한 수납도구 활용 참고]

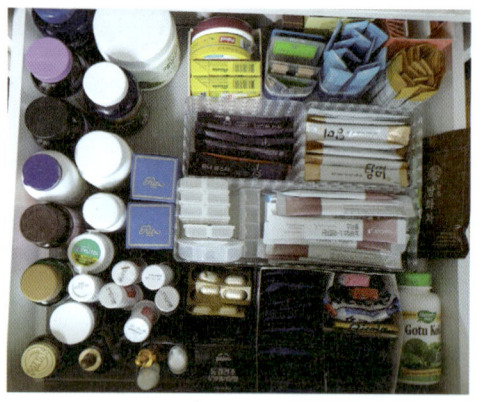 

▲ 보이는 수납
- 작은 것일수록 집을 만들면 찾기 쉽고, 유지하기 편리
- 공간을 나누면 쉽게 정리 가능

## 서랍 2 (건강식품・의약품)

[다양한 수납도구 활용 참고]

 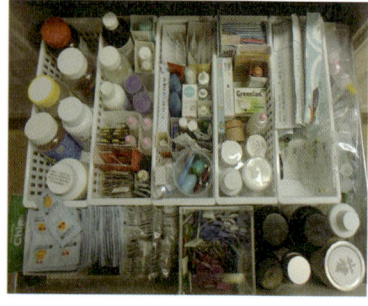

▲ 한 서랍 안에 수납도구 통일

## 서랍(식품)

[다양한 수납도구 활용 참고]

▲ 수납도구 활용(예 : 면류)

## 서랍(종량제 봉투)

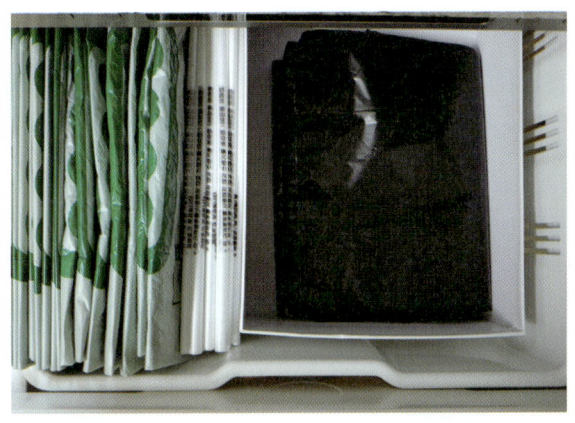 

▲ 공간의 크기에 따라 접는 크기 조절

## 보조 서랍장(보관)

[다양한 수납도구 활용 참고]

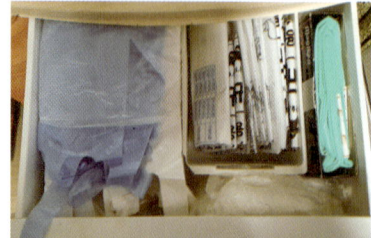
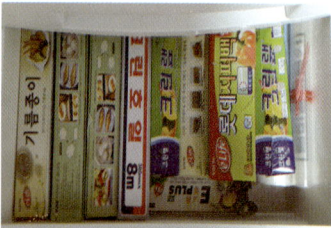

## 주방 1(Before → After)

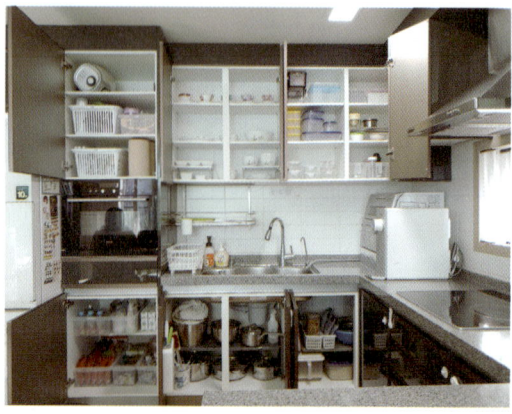

## 주방 2(Before → After)

## 주방 3(Before → After)

## 주방 4(Before → After)

## 주방 5(Before → After)

▲ 정면　　　　　　　　　　　▲ 측면

## 주방 6(Before)

▲ 정면　　　　　　　　　　　▲ 측면

chapter 14　주방 정리

## 주방 6(After)

▲ 한 개 배출
한 개 사용

▲ 배출한 책장을 활용
- 바구니로 구획을 나누어 종류별로 수납(차건강식품·식품 등)
- 고객의 생활패턴 맞추어 커피존을 만듦
- 아일랜드 식탁의 앞과 뒤의 위치를 바꿈

▲ 선반이 없는 하부장에 싱크인 선반을 설치하여 바구니 활용

## 키큰장 1

▲ 식재료(종류별)

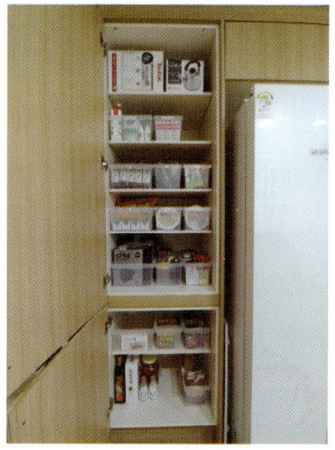
▲ 보관·식재료(종류별)

- 자주 먹는 식품들을 수납
- 수납용품을 활용하여 서랍처럼 사용
- 종류별로 구획을 나누어 수납
- 편의점식 수납 방법 활용
- 무겁고 위험한 식품은 아래쪽에 수납
- 위쪽은 보관이나 가벼운 식품 보관

## 키큰장 2

▲ 식품존

▲ 주방용품존

▲ 베이킹존

▲ 식품(라벨 필수)

## 키 큰 장 슬라이드 서랍

- 자주 사용하는 순으로 레이아웃 정하기
- 한눈에 안쪽까지 쉽게 볼 수 있게 수납
- 죽은 공간 없이 수납
- 싱크대만으로 해결 안되는 소형기기·식기류·식품 등을 수납
- 논슬립 매트·수납도구 활용

## 장식장

◀ 아일랜드 장식장
문 열기 불편한 공간
보관용·장식품 보관

붙박이 장식장 ▶
- 바구니 활용
  – 종류별(끼리끼리)
- 라벨 필수
- 식품 수납
- 가끔 사용하는 냄비 수납

▼ 주방 안쪽의 동선이 편한 붙박이장

◀ 자주 사용하는 컵 수납

◀ 자주 사용하는 주방가전 수납

## 보조장 1

▲ 수납공간 부족으로 보조장 활용

## 보조장 2

   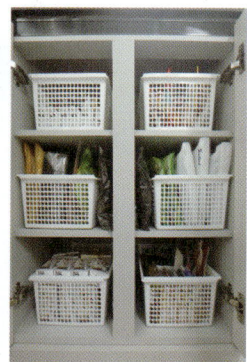

▲ 키 낮은 장 2개를 생활가전존・식품존으로 나누어 수납

▲ 전자레인지 수납장을 활용
　(간식과 주방가전 등)

▲ 냉장고 공간 활용
- 책꽂이를 활용하여 주방가전・식품・음료 등을 수납
- 바구니를 활용하여 간식・식품 등을 수납
- 뚜껑형 리빙박스로 사용 구획을 나누어 일회용품 수납

## 펜트리 1

▲ 배출된 리빙박스를 활용해 종류별로 구획 나누어(끼리끼리) 수납
- 욕실용품 · 쇼핑백 · 취미용품 등

소품정리함 활용 수납 ▶
- 작은 물품 정리
- 깔끔
- 쌓기 가능(아래쪽 작은 물품 정리)
- 부피가 큰 물건은 수납 시 불편함

## 펜트리 2

◀ 펜트리 슬라이드장
- 작은 물건은 수납도구를 사용하여 수납(편리함)
- 데드 스페이스가 많음

식기류 ▶

프라이팬류 ▶

주방가전 ▶

▲ 하부장에 수납할 공간이 없을 경우(개수대 옆 펜트리 공간을 활용)

## 틈새장

▲ 틈새 슬라이드장

▲ 주방 슬라이드장

◀ 수납도구를 활용
슬라이드장은 서랍처럼 열고 닫을 때 흔들림이 발생할 수 있으니 수납도구를 활용하여 수납

◀ 용기 제품을 활용하여 수납
(뚜껑 홈에 용기를 연결하여 사용)

물건을 꺼내기 쉽도록
수납도구를 이용 수납 ▶

▲ 키 큰 틈새장

## 보관용

◀ 신발장 활용

자주 사용

장식장 활용 ▶

# 다용도실

- 세탁실・보조 주방으로 공간을 나누어 사용
- 세탁기 위쪽에 선반을 설치해 수납공간 만들기
- 세탁기를 기준으로 빨래할 때 필요한 것을 자주 사용하는 순으로 편리한 곳에 수납
    - 액체세제・가루세제・섬유유연제 등
    - 보관용은 위쪽으로 수납(무거운 것은 맨 아래 쪽으로 수납)
- 주방에서 사용 빈도가 낮은 것들 수납하기
    - 부피가 큰 것(대야・김치통 등)
- 사용 빈도가 많은 것은 꺼내기 쉬운 외부 선반이나 주방과 가까운 쪽으로 수납
    - 식품・식자재・청소용품・물티슈 등

## 다용도실 1

 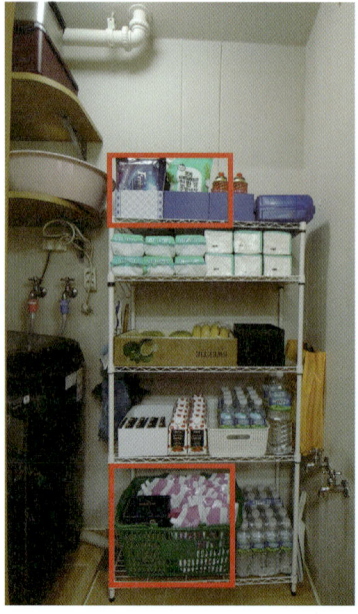

◀ 가벼운 보관용 세제

◀ 자주 먹는 식자재

◀ 자주 마시는 음료

◀ 무거운 보관용 세제

## 다용도실 2

◀ 주방과 많이 떨어져 있는 다용도실(베란다 없음)
- 자주 사용하지 않는 물건을 보관
- 수납도구를 활용(리빙박스・바구니 등)
- 종류별로 구획을 나누어 수납
- 여행・계절용품을 캐리어에 수납하여 보관

## 다용도실 3

◀ 김장철에만 사용하는 물건을 따로 분류하여 수납

◀ 자주 사용하는 물건들을 종류별로 분류, 5단 서랍장에 구획을 나누어 수납

## 다용도실 4

| 주방가전 | 행주/수세미 | 조리도구 |

▲ 바구니를 활용하여 구획 나누기
　바구니를 활용하여 서랍처럼 사용

▲ 플라스틱 4단 수납장 활용

## 다용도실 5

## 다용도실 6

▲ 액체류 · 장류 · 담금류

◀ 계절용품 보관

◀ 김치통 보관

◀ 자주 사용하는 것

◀ 보관용 세제
(김치통 활용)

**Tip** 자주 사용하지 않는 큰 주방가전을 다용도실에 배치(전자파·소음 등)

## 다용도실 7

◀ 자주 사용하지 않는 가벼운 물건을 수납 ▶

◀ 자주 사용하는 가벼운 물건을 수납(핑거존) ▶

◀ 자주 사용하지 않는 부피가 크거나 무거운 물건을 수납 ▶

## 다용도실 8

▲ 자주 사용하는 세제 수납

## 다용도실 9

◀ 싱크인 선반

◀ 가끔 사용하는 식기류(보조 공간)

◀ 무거운 세탁세제 보관용

**Tip** 선반 활용(싱크인 선반 • 확장형 선반 등)

## 다용도실 10

## 보조 주방 1

◀ 보조 냉장고 사용 안함
■ 자주 사용하지 않는 보관 용품 등을 수납

## 보조 주방 2

> 🔍 Tip  싱크인 선반을 설치하여 수납도구로 구획을 나누어 수납하면 많은 양의 물건 수납 가능

## 다용도실(스피드랙)

> 🔍 Tip  바구니를 활용하여 종류별로 구획을 나누기

가벼운 일회용품 수납 ▶

자주 먹는(가벼운) 식품 수납 ▶

양념류 수납 ▶

냄비・프라이팬 등 조리도구 수납 ▶

무거운 장류・담금류를 수납 ▶

Before　　　　　　　　　　　　　　　　After

## 세탁기 선반 활용

자주 먹는 양념

▲ 바구니를 활용 종류별로 구획을 나누어 가벼운 식품과 일회용품 수납

 Tip 페트병 활용하여 잡곡 수납(보관 용이)

## 다용도실이 없는 경우

[보조 공간]

◀ 식품・일회용품 등

◀ 주방가전

◀ 새 상품

◀ 가끔 사용하는 가전

◀ 양념

# Chapter 15

# 베란다 · 창고 정리

# 베란다 · 창고 정리 노하우

- 베란다 · 창고의 공간 확보하기(모든 물건 꺼내서 확인하며 배출)
- 분류하기
  - 크게 용도별 · 계절별 · 사용자별 등
- 주로 보관용 물건들을 수납하기 때문에 구획을 나누어 용도별 수납
- 수납도구(큰 바구니 · 리빙박스 등)와 제품의 상자 등을 이용하여 수납
- 큰 상자나 큰 수납도구를 사용하기 때문에 선반 위에 쌓기 보다는 세로로 수납
- 선반이 없다면 조립식 앵글(스피드랙 등)과 책장 등을 활용하여 선반을 만들어 사용
- 보관용품도 사용 빈도를 고려하여 위치 선정
  - 계절용품(선풍기 · 난로 등), 취미용품(캠핑 · 낚시 · 골프 등), 추억용품, 잡동사니, 공구용품, 생활가전, 부피가 큰 새 제품, 캐리어 등
- 주로 수납도구나 상자 안에 보관되기 때문에 라벨링

## 베란다 1(Before → After)

▲ 수납장의 문 앞 쪽으로 물건이 있는 경우
- 물건을 수납장에 넣기 위해서는 물건을 번번이 옮겨야 하는 수고를 하여야 함
- 악순환의 연속
- 수납장 앞에 물건이 쌓이는 원인
- 유지하기 어려움

▲ 사용 빈도별
- 추억 관련
- 여행 관련
- 김장 관련

## 베란다 2(Before → After)

◀ 통로에 물건을 수납하지 않기
- 악순환의 연속
- 자주 사용하는 것들은 한 번에 넣고 꺼내기 쉽게 수납
- 수납도구 활용
- 자주 사용하지 않는 것은 수납도구를 사용하여 수납
  예) 리빙박스·상자 등
- 라벨링

## 베란다 3(Before → After)

  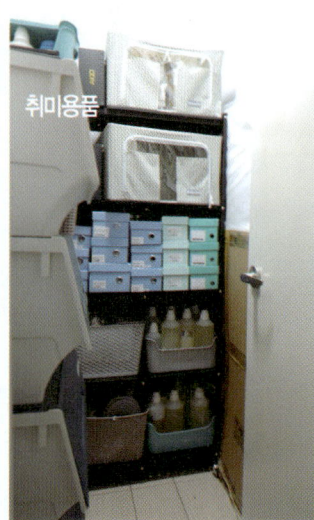

▲ 계절의류·취미용품·새 상품 등  ▲ 종류별

chapter 15  베란다·창고 정리

## 베란다 4(Before → After)

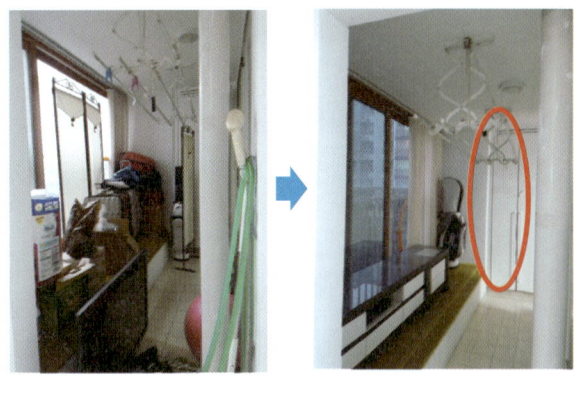

▲ 보관용품도 사용 빈도와 부피를 고려하여 수납

## 베란다 5(Before → After)

▲ 용도별  ▲ 사용 빈도별

## 베란다 6(Before → After)

▲ 계절용품   ▲ 용도별

## 베란다 7(Before → After)

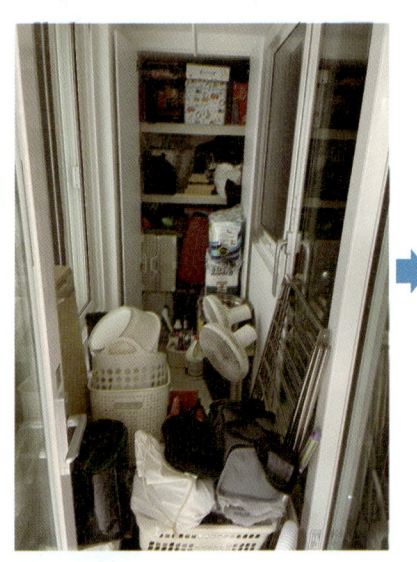  

▲ 이동식 트롤리를 활용(자주 사용하는 공구 관련 용품 수납)

## 베란다 8(양쪽 베란다)

(좌)

▲ 계절용품 · 자동차용품 · 생활가전

(우)

▲ 여행용품 · 생활용품 · 운동용품

[가운데 베란다]

▲ 양쪽으로 베란다가 있는 경우

▲ 용도 변경(놀이방)

# 베란다 9(양쪽 베란다)

◀ 용도별
- 추억용품
  - 그림·사진 액자·앨범 등
- 피크닉 관련 용품
  - 아이스박스·돗자리 등
- 공구 관련 용품
  - 공구·페인트 등

 **Tip** 액자 등을 세로 수납
  - 원터치
  - 관리가 용이

◀ 가운데 베란다에서 우측 베란다로 이동하는 통로를 책장으로 막아 서고로 활용
- 수납도구 활용
- 용도별·종류별 수납
- 우측 베란다 용도 변경 – 자녀의 공간(개인)

**Tip** 베란다를 서고로 사용시 주의 사항
① 창문과 외벽 쪽으로 책장을 붙이지 않기
② 책장 뒤쪽은 10cm 이상 띄워 공기가 지나는 통로 만들기
  - 기온차로 인한 습기 발생
  - 결로 등으로 인한 곰팡이가 발생

▲ 용도 변경
베란다 뷰를 살려 운동 및 차를 마실 수 있는 공간

## 베란다 10 (Before → After)

▲ 계절용품(김장·가전)   ▲ 출입문 앞(서고)

## 베란다 1 (스피드랙)

 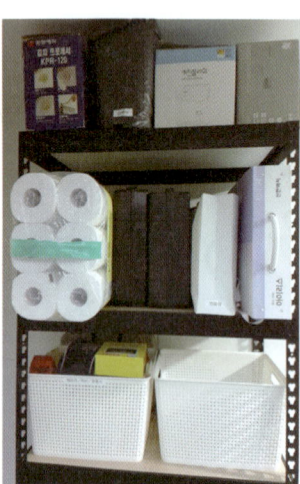

◀ 용도별·종류별

◀ 스피드랙
- 장점
  - 무볼트 조립, 강한 내구성
  - 자유로운 높이 조절
  - 저렴한 가격에 설치 가능
  - 고무망치 하나면 설치 가능

- 단점
  - 두꺼운 가로 지지대로 인한 데드 스페이스 발생
  - 선반 위치 이동시 결합 부분의 도장이 벗겨질 수 있음
  - 기둥의 구멍이 커서 앵글 선반의 느낌

# 베란다 2(스피드랙)

▲ 3단의 스피드랙

2단씩 만든 후 이동

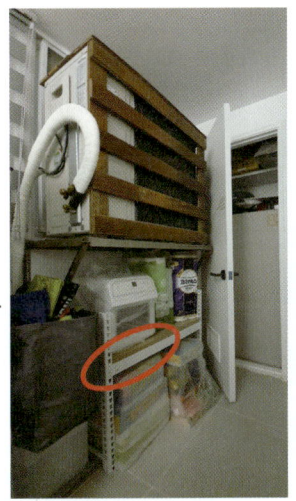
▲ 스피드랙(2단으로 사용)
– 원터치

▲ 스피드랙(2단으로 사용)
– 무거운 물건(추억용품)

▲ 이동식 선반

▲ 스피드랙을 창고 안 이동식 선반으로 교체

▲ 추억용품 · 보관용품

chapter 15 베란다·창고 정리 **305**

## 베란다(바나나 상자)

(좌)　　　　(우)

- 바나나 상자 활용
  - 공간 박스나 수납도구 구매에 부담이 될 때
  - 창고 · 베란다 · 다용도실 등을 정리할 때
  - 후미진 곳의 자투리 공간 정리할 때

- 바나나 상자 장점
  - 튼튼하고 짱짱하다
  - 사이즈가 사용하기 적당하다
  - 뚜껑이 있다
  - 마트에 가면 손쉽게 구할 수 있다.
  - 창고 · 베란다 · 다용도실처럼 넓은 곳에 구획을 나누어 종류별로 수납하기 좋다

▲ 주방 관련 용품　　　▲ 공구 관련 · 생활용품 · 운동용품

## 베란다(Before → After)

 →

▲ 자주 사용하는 세제
  - 핑거존
  - 원터치

▲ 3단 책장 활용
  - 자주 사용하는 생활용품

▲ 계절용품
  - 선풍기 · 물놀이용품 등

> **Tip** 어쩔 수 없이 보일러실을 사용할 경우
> - 보일러와 간격을 30cm 이상 두어야 한다
> - 보일러 사용시 앞의 물건은 가벼운 것으로 수납하되 보일러가 보이는 상태까지만 수납

## 베란다 1(완강기 · 에어컨 실외기)

- 완강기
  베란다는 피난 기구의 화재안전 기준 규정에 의거한 대피 공간. 완강기 설치된 곳에는 물건 수납 하지 않기

- 에어컨 실외기
  공기가 지나다니는 통로를 만들어 열을 식혀야 하기 때문에 에어컨 실외기의 앞과 뒤에 물건을 수납하지 않기

## 베란다 2(완강기 · 에어컨 실외기)

- 어쩔 수 없는 경우
  - 에어컨 실외기의 앞쪽과 뒤쪽에 물건 수납하지 않기
  - 완강기 사용시 영향을 받지 않는 범위에 최소한의 물건만 수납
  - 창문을 막지 않기, 공간 채우지 않기

## 베란다(세탁실)

◀ 사용하지 않는 4단 서랍장 활용
- 서랍 위 자주 사용하는 순으로 수납
  – 액체세제 • 가루세제 • 섬유유연제 등
- ①번 세탁물
- ②번 세탁물
- ③번 청소용품
  – 솔 • 빨래비누 • 걸레 • 물티슈 등
- ④번 보관용 세제 등

세탁기를 기준으로 공간 나누기 ▶
세탁 시 자주 사용하는 순으로 수납(핑거존)

## 베란다(방 활용)

 →

◀ 사용 빈도별 수납(보이는 수납)

## 베란다(반려동물)

▲ 반려동물의 공간

◀ 반려동물(고양이) 특성을 고려한 공간 배치
- 고양이는 창가에서 밖을 관찰하는 것을 즐긴다
- 화장실은 사람이 자주 다니지 않고 소음이 덜한 곳
- 청결하게 유지되어야 스트레스를 줄일 수 있다
- 집으로 들어왔을 때 배변 냄새 유입이 적다

▲ 반려동물 관련 용품

 문을 개방하지 않아도 자유로운 출입이 가능하도록 펫도어를 설치

## 베란다(온실)

▲ 환경에 많은 영향을 받지 않는 물건을 수납

## 창고 1(Before → After)

▲ 모든 것이 뒤섞여 진입이 어려운 옥상 창고

▲ 공간을 크게(용도별・사용자별・사용 빈도별) 나눈다

[구획별 상세 모습]

▲ 크게 공간을 나눈 것을 상자별・리빙박스별・서랍장별・책장별 등으로 한 번 더 구획을 나주어 종류별로 같은 공간에 수납
 (라벨링)

## 창고 2(Before → After)

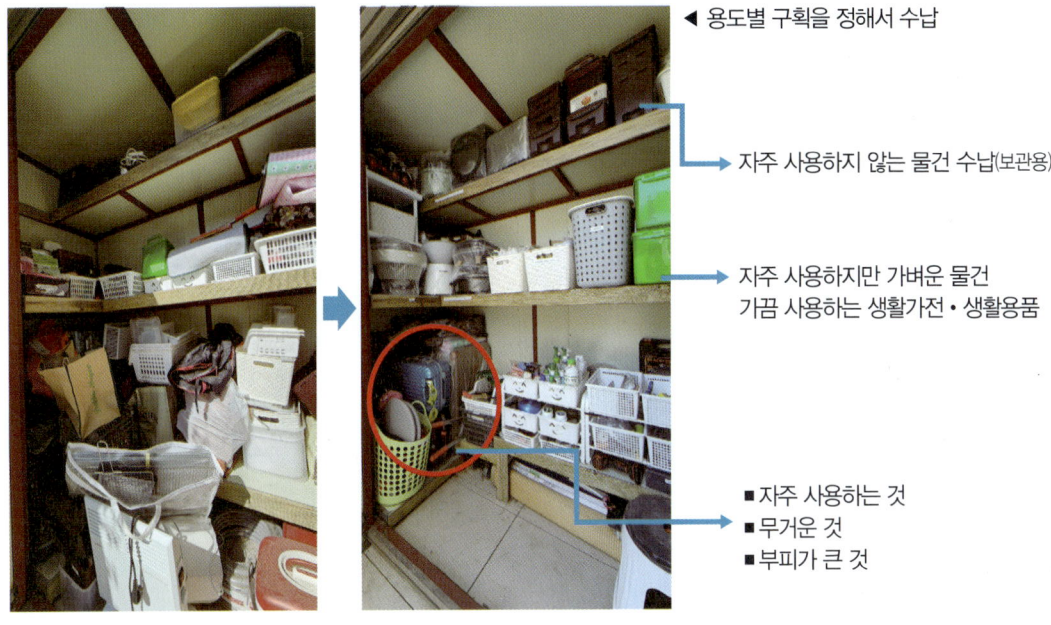

◀ 용도별 구획을 정해서 수납

▶ 자주 사용하지 않는 물건 수납(보관용)

▶ 자주 사용하지만 가벼운 물건
　가끔 사용하는 생활가전·생활용품

▶ ■ 자주 사용하는 것
　■ 무거운 것
　■ 부피가 큰 것

[구획별 상세 모습]

■ 자주 사용하는 공구·농기구·비료·농약·씨앗 등 조경에 필요한 모든 것을 한 곳에 구획을 나누어 수납
■ 바닥면은 물청소 시 가볍게 들 수 있는 것을 수납

## 창고 3(After)

- 여러가지 물건을 용도별 분류하여 양에 따라 구획을 나누어 수납
- 3면의 벽면에 용도를 정하여 수납(생활용품 · 캠핑 · 낚시용품)

[용도별 상세 모습]

▲ 생활용품

▲ 캠핑

▲ 낚시

## 창고 4(Before → After)

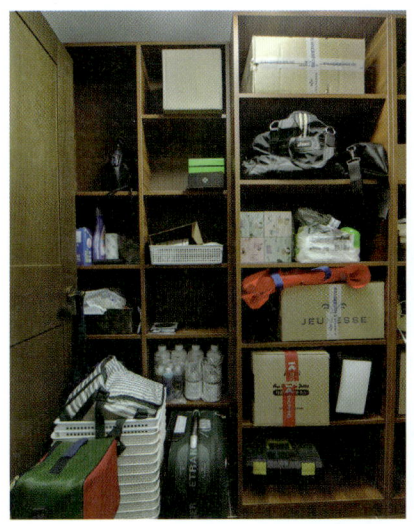

[문제점]
- 상자째로 수납
- 모든 물건들이 뒤섞여 들어가 있어 어디에 무엇이 있는지 알 수 없음

- 용도별・종류별・품목별로 구획을 나누어 수납(바구니 사용)
- 자주 이용하는 것은 문 쪽과 가까운 곳에 수납
- 보관은 안쪽으로 수납

## 창고 5(Before → After)

◀ 방 안쪽에 있는 창고
- 정리만 잘 되어도 유용하게 쓸 수 있는 공간
- 용도별·종류별로 수납
- 배출된 서랍장을 사용하여 잡동사니를 종류별로 수납(라벨링)
  – 한눈에 볼 수 있도록 수납

## 창고 6(Before → After)

▲ 틈새장 활용

◀ 배출된 틈새장을 눕혀서 쇼핑백 수납

## 창고 7(Before → After)

[Before]

▲ 입구 진입이 어려움

[After]

■ 구획을 나누어 용도별로 수납

[상세]

## 창고(After)

■ 아이의 물건만 단계별 보관
■ 부피가 큰 장난감·단계가 아닌 학습도구와 교재·추억용품·동생에게 물려줄 용품들 등

## 창고(방 활용)

- 확장으로 인하여 베란다가 없고 펜트리 또한 좁은 경우 한 곳의 방을 보관 창고용으로 사용
- 스피드랙을 설치
- 여러 수납도구를 이용하여 구획을 나누어 종류별로 수납
- 라벨링

## 야외 창고

- 먼지, 햇빛 영향을 별로 받지 않는 것 수납
- 야외에서 사용할 것 위주로 수납
- 숯·일회용품 등
- 수납도구나 상자 사용시 라벨링

# Chapter 16

# 서재 · 자녀방 정리

## 서재·자녀방 정리수납 노하우

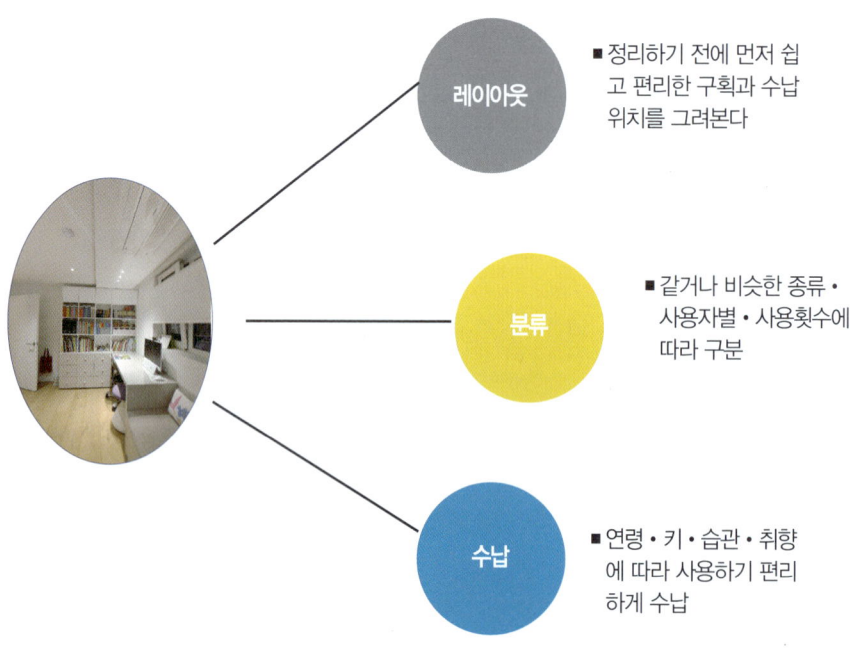

- 레이아웃: 정리하기 전에 먼저 쉽고 편리한 구획과 수납 위치를 그려본다
- 분류: 같거나 비슷한 종류·사용자별·사용횟수에 따라 구분
- 수납: 연령·키·습관·취향에 따라 사용하기 편리하게 수납

## 서재 정리 1

- 사용자의 동선에 맞게 물건 배치
- 필요한 것과 당장 필요하지 않은 것을 나누어 배치
- 종류별로 한 곳에 수납
- 자신이나 가족 사진을 책상 위에 놓는 것은 자신감을 줌

# 서재 정리 2

[칸막이가 없는 책장]

[칸막이가 좁은 디자인 책장]

구분・장식의 효과 ▶

▲ 낱장으로 이루어진 인쇄물과 자료 등은 파일 박스나 수납 도구를 활용

▲ 용도별・분야별・종류별・사용 빈도별로 수납

▲ 서로 지지할 수 있도록 가로 세로 방향으로 수납한다
 - 분야별 책을 구분할 수 있어 유용

# 이중 수납 책장 정리

▲ 이중 수납
 앞 : 자주 보는 책
 뒤 : 보관용
    가끔 보는 책

Tip 상자 활용

▲ 페트병을 활용
 이중 수납 시 뒤쪽 책 밑으로 페트병을 놓아 책의 높낮이가 다르게 수납

## 책장 정리 1(Before → After)

[해결 방안]

- 분야별로 분류
  - 전공·자기계발서·일반서적·잡지·소설 등
- 책의 높이를 맞춘 후 색상별로 꽂아주기

▲ 분야별 〉 높이별 〉 색상별

## 책장 정리 2(Before → After)

[해결 방안]

- 학년이 지난 교과서 및 참고서, 더 이상 보지 않는 문제집 배출하기
- 학용품 및 잡동사니를 종류별로 분류하기
- 책장의 구획을 나누어 쓰기

▲ 사용자별·용도별·분야별 쓸데없는 책이 많으면 공부량이 많다고 느낌

## 책장 정리 노하우 1

- 비슷한 크기의 책은 함께 수납한다
- 책장 가장 높은 칸은 가능한 직선을 이루도록 수납한다
- '책등'의 진열선 맞추기
  – 책의 사이즈들이 다양하면 제일 큰 책의 책등선을 기준으로한다
- 한 칸에 두 종류의 전집을 꽂을 때에는 가장 작은 책을 기준으로 양쪽 책의 종류를 달리한다
- 양쪽 끝에서부터 수납하되, 중심으로 만나는 지점이 가장 낮아지도록 V자로 수납한다
- 전집의 사이즈가 다를 경우 작은 사이즈부터 정리한다
- 큰 사이즈의 책이 책장과 안 맞을 경우 '책등'을 위로 향하도록 꽂는다(책의 수납 방향을 바꿈)

## 책장 정리 노하우 2

- 정리 전 편리한 수납 위치를 그려본다
- 사용자별·사용 빈도별·종류별로 구분
- 나이·키·취향에 따라 수납
- 선반의 높이를 조정하여 수납
  – 조정이 안될 경우 책을 눕혀서 수납

## 책장 정리

◀ 쇼핑백 활용
보관하기 힘든 포장지·그림·학습 포스터·추억용 사진 등

**Tip** 쇼핑백은 같은 색상으로 통일

▲ 교구·학습지·학습 보조도구

## 공부방 가구 재배치

- 자녀의 취학과 어떤 공부를 하는지에 따라 공간 변화가 일어난다
  - 취학 전이라면 장난감과 동화책 위주
  - 취학 후라면 책상에서 보내는 시간이 많기 때문에 그에 맞는 가구 배치
- 책상은 사용하는 사람의 성격, 성향에 따라 배치하고 그에 맞는 가구들을 배치
  - 독서실 같은 분위기에서 공부가 잘되는 사람
  - 카페 같이 자유로운 분위기에서 능률이 오르는 사람 등

## 책상의 위치 1

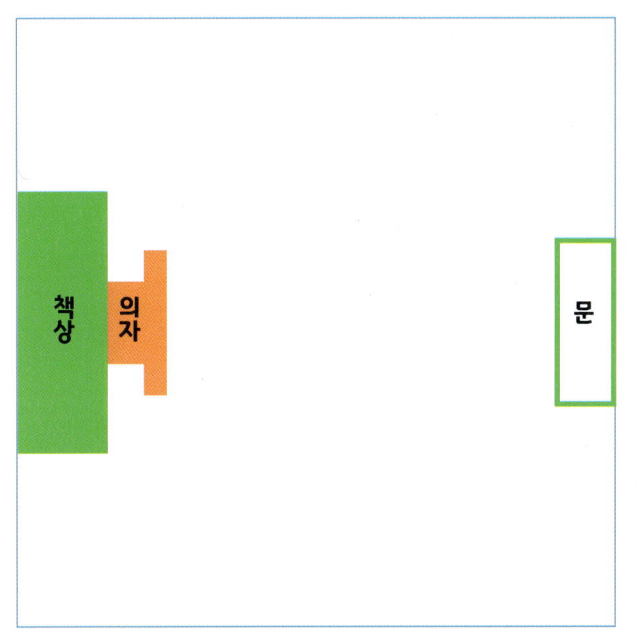

- 출입문을 등진 경우
    - 주변의 작은 소음에도 몸을 돌려 문을 바라봄
    - 심리적으로 불안을 느낌
    - 집중력 저하

## 책상의 위치 2

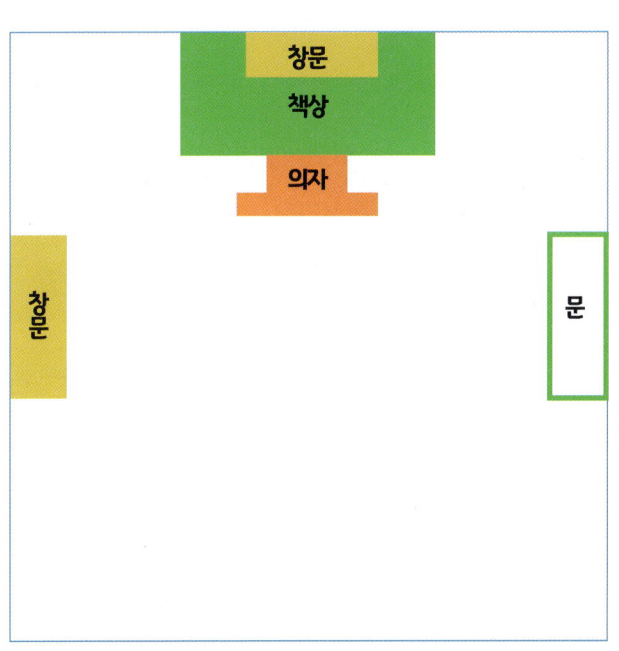

- 창문이 정면으로 보이는 경우
    - 눈부심
    - 창밖 풍경 및 소음으로 인한 집중력 저하
    - 문 밖으로 나가고 싶은 마음 자극

## 책상의 위치 3

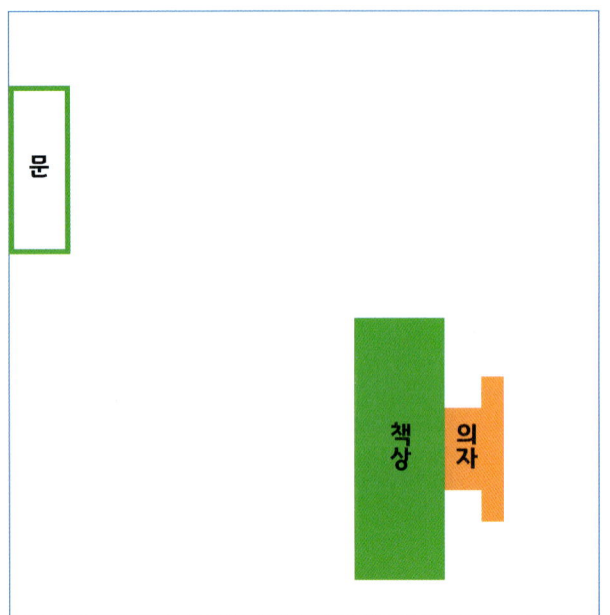

- 벽을 등진 경우
  - 벽이 불필요한 움직임을 막아 줌

- 출입문을 정면으로 보게 배치한 경우
  - 평소 불안해하는 아이에게는 문이 보이도록 배치(벽의 답답함 해소)

## 책상의 위치 4

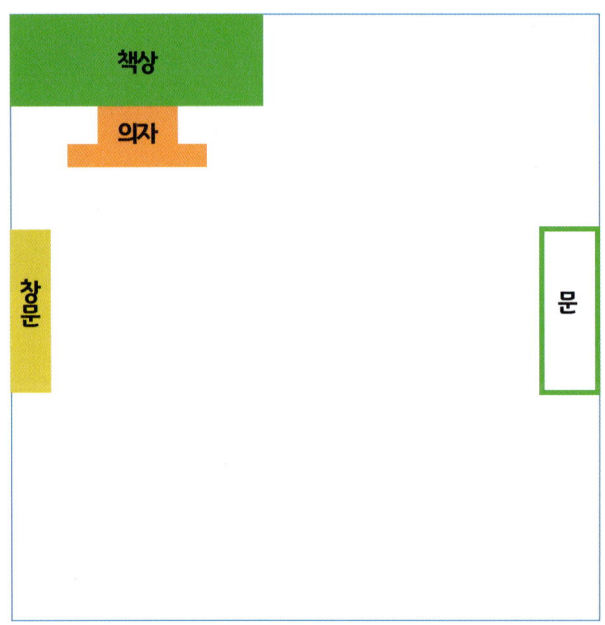

- 파티션 효과
  - 침대 헤드를 경계로 학습 공간과 수면 공간으로 분리
  - 사춘기 이후부터는 사적인 공간을 만들어 사생활 존중

## 책상 정리 1

- 매일 보는 교과서·참고서는 가장 가까운 곳에 둔다
- 교과서·문제집·노트별로 구분
- 책이 쓰러지지 않도록 북엔드·지지대·파일 박스를 활용

 여분의 공간에 상자를 넣어 학교 준비물을 넣어 두면 다음날 찾기 쉽다

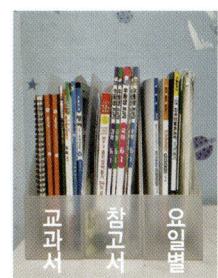

- 파일 박스로 공간 구분
- 참고서는 종류별·학습별·요일별로 분류
- 사용 후에 스스로 정리하는 습관을 들이게 한다

Tip 과목별 노트와 교과서를 같이 두면 좋다

## 책상 정리 2

### 공부방의 가구를 효율적으로 사용할 수 있도록 환경 조성

▲ 회전의자는 집중력을 방해할 수 있다

▲ 매일 보고 사용하는 것들은 쉽게 꺼낼 수 있는 곳에 배치

chapter 16 서재·자녀방 정리

## 책상 정리 3

- 부직포 수납함 활용
- 책장에 맞는 사이즈 사용(데드 스페이스 최소화)
- 악기류・미술용품・새 상품・취미・추억용품 등
- 형태가 일정하지 않은 물건들을 분류하여 보관
- 작은 물건은 지퍼백・바구니・상자 등 활용

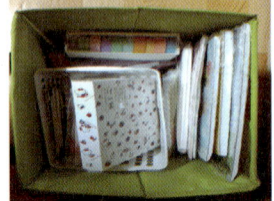 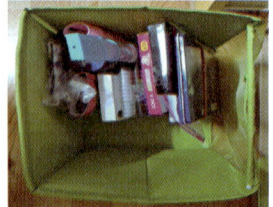

## 책상 정리 4(성인)

 ➡

- 자주 보는 책은 손이 쉽게 닿는 범위에 배치
- 위쪽은 자주 보지 않는 책 수납
- 시선이 닿는 곳에는 예쁜 책 수납
- 안 보는 책은 배치 위치를 바꾸거나 배출
- 쌓인 먼지는 먼지떨이를 사용하여 제거

## 서랍의 높이에 따른 수납 방법

▲ 세로 수납

▲ 눕혀서 수납

## 서랍(문구류)

- 책상 서랍은 칸막이·바구니·종이상자 등을 이용하여 구획을 나누어 수납
- 작은 물건들은 각각의 집을 만들어 섞이지 않도록 수납

## 문구류를 한 곳에 보관

▲ 관리가 가능한 자녀일 경우에는 한 곳에 학용품을 수납

> **Tip** 자녀가 어릴 경우에는 소분해서 수납해 사용하는 것이 좋다

## 종류별 1

▲ 액세서리　　▲ 미술용품

▲ 스티커 관련　　▲ 보관용품

## 종류별 2

## 자녀방

▲ 방 정리를 잘해야 공부도 잘한다
— 정리 습관을 들이는 것은 아이의 기본적인 능력을 키우는것(리더십)

## 자녀방 1(놀이방)

▲ 놀이도구나 장난감을 가지고 노는 곳이기 때문에 바닥을 가장 넓게 써야 하는 영역

## 자녀방 2(놀이방)

자녀가 정리정돈 습관을 들일 때까지
여유를 가지고 기다려 주기

▲ 조립 로봇인 경우 놀이가 끝나면 조립한 후 수납하기
  – 정리 습관 기르기
  – 정리 습관도 조기교육이 필요하다

- 키즈 서랍장을 이용하여 놀이용품을 효과적으로 수납
- 놀이도구나 장난감을 정리하여 놀이공간 확보
- 연령과 성별에 맞추어 대·중·소 분류하기
- 종류별로 수납
- 라벨링

## 자녀방 3(책+장난감)

▲ 자녀가 어릴 경우
아이들이 책과 친해지도록 놀이방에 같이 정리

## 자녀방 4(책+장난감)

▲ 모든 것이 뒤섞여서 창고처럼 사용

방의 역할을 정한 후 가구 재배치 ▶
− 바구니를 활용한 종류별 수납

## 자녀방 5(옷+장난감)

▲ 모든 것이 뒤섞여서 창고처럼 사용

방의 역할을 정한 후 가구 재배치 ▶
- 붙박이장을 크게 장난감과 의류로 구획을 나누어 정리

## 자녀 옷장 1

▲ 한 곳에 계절별·용도별 옷 정리

▲ 옷장에 옷봉을 한 개씩 더 설치하여 수납력을 높여 옷정리

▲ 자녀방 베란다 활용
(계절용품·보관용품)

## 자녀 옷장 2

▲ 계절별, 종류별, 아이템별 옷걸이 수납

## 자녀 옷장 3(행거)

- 행거를 활용한 계절별 옷 정리
  - 보관용은 맨 위 칸에 옷걸이를 사용하여 건다
  - 자주 입는 옷은 손이 잘 닿는 아래 칸에 걸어 준다
  - 계절이 바뀔 때는 위 칸과 아래 칸에 교체하여 건다
  - 한눈에 보이기 때문에 작아진 옷을 쉽게 가려낼 수 있다

## 옷장 서랍 1

◀ 양말, 손수건

소품 ▶

◀ 속옷, 내의

## 옷장 서랍 2

## 바구니 활용

▲ ▶ 바구니를 사용하는 이유
- 정리된 상태를 유지하고 관리하기 위한 보조 수단
- 자녀방 정리에서는 아이들의 정리 습관을 들이기 위한 보조 수단
  예) 장난감 정리, 학용품 정리 등